JN245216

改訂
社会保障学必携
2025 年への道標

新原 英嗣　笹井 啓史　笹井 義宣　著

自由工房

　2019年の新成人は125万人（総務省統計局）、2017年の出生数は約96万5,000人と、5年ぶりに前年より約4万人減少しています。一方、死亡した人は約134万2,000人ですから、差し引き37万7,000人の人口減となり、統計を取りはじめた1899（明治32）年以降、最大の減少記録を更新しました。人口減少問題がいわれて久しいですが、現実的な打開策は今のところ見当たりません。

　一方、団塊世代の高齢化が進み、65歳を超える人口の増加傾向はこれからさらに加速していきます。医療について考えてみますと、2025年には団塊の世代が75歳を超え後期高齢者医療制度の対象となります。若年者に比較しますと当然、医療需要はきわめて高い状況にあることから、現在の病床数で対応することは不可能です。また、高齢者における認知症患者は2025年には実に700万人（厚生労働省研究班推計*）を超えるとの推計もあり、もはや医療・介護・福祉を別々に考えることは現実的でなく、地域包括ケアシステムの構築と効率的な活用が必要です。2014年6月に成立した「医療介護総合確保推進法」がこれを推進することが期待されます。

> ＊65歳以上の認知症人口は団塊の世代が75歳以上になる2025年には675〜730万人になり、実に65歳以上の高齢者の5人に1人が認知症になると推計されている。

　少子化（出生数減少による15歳未満人口の減少）は主に制度を支える生産年齢人口（15歳から64歳の人口）の減少を、高齢化は医療・介護・福祉・年金など主に社会保障制度を利用する老齢人口（65歳以上の人口）の増加を意味し、このことは社会保障制度における財政の悪化をもたらします。統計上出産の多い20歳から40歳に該当する女性の減少が続きますので、すぐには少子化に歯止めがかからない状況にあります。このことは制度を支える世代の負担の増加を意味します。今、医療・介護・福祉の提供レベルを含め社会保障制度の在りようと国の財政支出構造をしっかりと考えていかなければ、国民の共有財産としての社会保障制度を確かなものとして未来の国民に引き渡すことはできません。

　少子高齢化の進展による制度収支の悪化だけでなく、社会経済の

不透明性、非正規雇用の増加などの雇用基盤の変化、地方の過疎化・高齢化、核家族化による高齢者世帯の増加、就業構造の変化（第三次産業従事者の増加、女性就業者の増加）、それにともなう国民の仕事と生活形態の変化など社会保障制度改革を必要とする要素は拡大しています。社会保障制度は国民個々人では対応できない事象に対するセーフティーネットとして国民の生活を支えるだけでなく、social security system という表記からもわかるように、またその成り立ちをみても、国のリスクマネジメントとしての側面を持っています。

それらを踏まえ、現在の制度改革の直接的な出発点となった2012（平成24）年2月の閣議決定「社会保障・税一体改革大綱」を、リスクマネジメントの分析視点を用いて、次の4つの視点から見てみると次のようにまとめられます。

【財政上の視点】

　○社会保障制度の安定財源確保（基礎年金国庫負担2分の1の安定財源確保など）

　　①税収で歳出の半分すら賄えない厳しい状況

　　②欧州政府債務問題を契機とした世界全体の財政懸念

　　③社会保障関係費の相当部分の将来世代へのつけ回し

　　④毎年1兆円規模の社会保障給付費の自然増が不可欠

以上のような財政状況から、給付に見合う負担を確保しないまま課題を将来世代に先送りし続けることは、社会保障の持続可能性を確保する観点からも、財政健全化の観点からも困難であるため、社会保障の安定財源の着実な確保と安定化を目的として消費税率を引き上げ、さらに負担能力に応じて負担を引き上げる仕組み（「応能負担型」社会保障）を構築することで世代間・世代内の公平性を確保しつつ、社会保障の給付水準に見合った負担を国民全体で分かち合う。

【現実的必要性の視点】

　○未来への投資（子ども・子育て支援）の強化

　　①待機児童の解消

　　②幼児期の学校教育・保育の総合的な提供

　　③地域の子育て支援

　○医療・介護サービス保障の強化および社会保険制度のセーフ

ティーネット機能の強化

①地域包括ケアシステムの確立

②医療保険制度および介護保険制度のセーフティーネット機能
の強化

③診療報酬および介護報酬の同時改定

○貧困・格差対策の強化（重層的セーフティーネットの構築）

①生活困窮者対策と生活保護制度の見直しを総合的に推進

②総合合算制度の創設（その後、見送られた）

○障害者施策

①制度の谷間のない支援、障害者の地域移行・地域生活の支援

②障害者の就労支援・社会参加および障害者の所得保障

【戦略的な視点】

○需要・供給両面で経済成長に寄与

医療・介護・子育て分野での雇用創出、ライフイノベーション
の推進、民間企業を含めた多様な事業主体の新規参入促進などに
より、経済成長との好循環を実現する。

○多様な働き方を支える社会保障制度の構築

①短時間労働者への社会保険適用拡大

②新しい年金制度の検討

○全員参加型社会、ディーセント・ワーク（働きがいのある人間
らしい仕事）の実現

①有期労働契約に関する法制度

②高年齢者雇用安定法など制度の改正

③パートタイム労働法など制度の改正

【国民の視点】

○社会保障の充実のみならず、重点化・効率化を同時に実施し、
より受益感覚が得られるような高機能で持続可能な社会保障制
度を再構築する。

＊国民の幸福度、制度に対する国民の満足度（制度による目的達
成度)の視点は現在の改革の議論にはあまり反映されていない。

＊過去の改革結果に対する国民の意識調査をとおして、社会保障
制度が国民の共通の財産であるとの意識を涵養することが必要
と考えられる。

現在、国民健康保険の都道府県移管、後期高齢者保険料の特例措置の段階的廃止、介護報酬の引き下げ、障害者福祉の給付引き下げ、生活保護における生活扶助等の引き下げ、年金においては支給年齢の繰り下げ、3号被保険者に対する見直し等々、社会保障制度の見直しが進められています。また「社会保障制度改革推進本部」（本部長：総理大臣）においては社会保障制度の見直し状況の点検も行われています。

　これら改革の状況を見ますと、結果的に【財政上の視点】を中心に動いているように思われて仕方ありません。確かに財政的な視点は重要です。そして財政的視点で論じる場合は、国の社会保障制度に対する支出のみを論じるのではなく、将来にわたる経時的な環境・状況の変化を念頭に、一般会計・特別会計における支出構造そのものへ議論の輪を広げることも必要です。医療・介護・福祉・年金・雇用など社会保障制度の構造・内容および実施状況の把握・検討は、先に見た4つの視点からバランスよく行われてはじめて social security system の目的を達成できるものと考えます。そうしてはじめて現代を生きる私たちの未来を生きる人々に対する真の責任を果たせるのではないでしょうか。

　世界で初めて社会保険を国策として用いたドイツの初代宰相オットー・フォン・ビスマルクは「愚者は経験に学び、賢者は歴史に学ぶ」と語ったそうですが、社会保障の歴史は "財政負担""市場原理主義""富裕層に対する感情""貧者・弱者に対する感情" などとのせめぎ合いの歴史です。特に財政負担上の問題で社会保障制度を見直した事例は多くあります。その歴史に触れるとき、その結果として「どうなったのか」という視点を失わないことが必要です。

　進められている社会保障制度改革のスピードに追いつくため、初版から1年で改定本を出版できたのも、初版本をご購読いただいた多くの読者諸兄のおかげです。本書におきましても、社会保障制度改革の流れの真ん中にあり、改革の真の担い手である私たちにとりまして、不可欠な制度知識の習得・理解・整理の基盤となりますように平易な記載を心がけました。社会保障制度の入門書として、また社会保障制度に対する意識向上、意見発出の一助となれば幸いです。

目 次

第 1 章　社会保障の歴史　001

第 2 章　日本の社会保障制度　021

第 3 章　日本の医療保障制度　039

第4章　日本の社会保障制度各論　057

第**1**章

社会保障の歴史

1　社会保障の起源

①中世キリスト教の宗教理念や慈善事業

中世カトリック教会は中世西欧諸王朝の統治原理に組み込まれていた。

⇒キリスト教的慈善事業は単なるボランティアではなく実質的な強制適用。

●ギルド

②ギルド

都市部ではギルド（同業者組合）が慈善施設を保持し運営するようになる。（中世後期）

ギルドはその構成員のために互助制度を発達させ、仲間の病気や死亡（遺族）に対して金銭給付を実施。

●囲い込み運動

③囲い込み運動

中世荘園において小作人の生活の場となっていた村の共有地を、領主が占有し、小作人を排除。

⇒排除された小作人たちの多くが都市部に流入し、治安の悪化を招いた。

●宗教改革

④宗教改革

イギリスでは国王ヘンリー8世が1534年に首長令を発布。

⇒カトリック教を国教会に移管

⇒カトリック教の慈善事業の移管

●エリザベス救貧法

⑤エリザベス救貧法

治安回復のために、教会やギルドに代わり国家による救貧事業を実施するため、1601年に包括的な救貧法（治安維持的性格が強い）が制定された。

●社会保障の始まり

⇒これを社会保障の始まりと考えるのが通説

・キリスト教区を行政単位とし、各教区に貧民監督官を設置

⇒救貧税徴税の権限

・貧民の分類

労働能力のある貧民、労働不能の貧民、親が養育できないか親のいない子供

2　社会保険の誕生

　　　　　　　　　　ドイツの鉄血宰相オットー・フォン・ビスマルクによる「飴とムチ」政策。

　　　　　　　　　1878 年　　社会主義者鎮圧法

●疾病保険法　　　　1883 年　　疾病保険法：賃金労働者が対象

　　　　　　　　　　　　　　＊防貧目的で工場労働者たちが賃金の一部を出し合い、助け合う共済組合（独：疾病金庫、英：友愛組合など）を利用したもの。

　　　　　　　　　1884 年　　業務災害保険法

　　　　　　　　　1889 年　　老齢・廃疾保険法

　　　　　　　★特徴　　報酬比例型社会保険

3　ベヴァリッジ報告

●ベヴァリッジ報告書　　ベヴァリッジ報告書（1942 年、イギリス）

　　　　　　　　イギリスにおいてもドイツ同様に社会保険中心の社会保障に転換する計画を政府に諮問。

　　　　　　　◆ニード原則

　　　　　　　　①基本的ニード：老齢・疾病・失業などには均一拠出・均一給

●社会保険　　　　　　　付による社会保険によりそのニードを満たす。

●国民扶助　　　　②特殊ニード：孤児や母子家庭、障害などには国民扶助によってこれを充足する。

●任意保険　　　　③追加ニード：基本的ニードを超えるものに対しては任意保険（民間保険を含む）をもってこれに対処する。

　　　　　　　◆フラット制の原則

　　　　　　　　所得比例ではなく、均一拠出・均一給付によって社会保険を運営することは、低い水準の保険料しか設定できないので、おのずから給付水準もそれに見合う低い額にならざるを得ない。

　　　　　　　　　⇒「社会保障はナショナルミニマムでなければならない」との考え

4　世界人権宣言（1948 年、国際連合）

○前文には「恐怖と欠乏からの自由」

●世界人権宣言　　　○第 22 条では社会保障を人権の一つとして明記

「すべて人は、社会の一員として、社会保障を受ける権利を有し、かつ国家的努力及び国際的協力により、また、各国の組織及び資源に応じて、自己の尊厳と自己の人格の自由な発展に欠くことのできない経済的、社会的及び文化的権利を実現する権利を有する」

⇒この項目は、1961 年に採択された欧州社会憲章と、1966 年に採択された「経済的、社会的及び文化的権利に関する国際規約」により、基本的人権である社会権の一つとして法的拘束力が与えられた。

5　社会保障の拡充と見直し

●社会保障の拡充　　（1）社会保障の拡充

第二次世界大戦（1939 ～ 45 年）後の高度経済成長期には多くの先進国で社会保障が拡充された。

〔要因〕

●ケインズ主義　　　①ケインズ主義＊の受容によって消極国家から積極国家へと転換したことにより、財政政策を通じた市場への介入と同時に、社会保障政策を通じた市民生活への介入も正当性を得た。

＊ケインズは有効需要を政策的にコントロールすることで完全雇用は達成できると考え、総需要管理政策に基づく政府公共投資を促した。

②社会保障（例えば公的扶助や失業給付）の対象となる受給者が膨大であれば財政を大きく圧迫してしまうため、ケインズ主義政策による完全雇用の実現は社会保障の質的向上の必要条件であるが、戦後の高度経済成長下においては雇用状況が良かった。

③資本主義が大量生産の段階に至ると、労働者に単純労働を強いる代償として社会保障の拡充が容認された。

●所得再分配　　　　④社会保障を通じた所得再分配は大量生産の受け皿（消費者）である国内需要の拡大に寄与した。

⑤特に開放経済の諸国においては、賃上げ抑制の見返りとして、政府が社会保障を拡充する傾向がみられた。

●社会保障の見直し

（2）日本における社会保障の見直し

日本の年齢人口構成の推移に見られる急激な少子・高齢化は社会保障制度の収支バランスを悪化させる一方で、社会保障の役割と規模の拡大を要請し続けている。

その他、以下の要因等によって社会保障制度の見直しが急務となっている。

①社会経済の不透明性：オイルショック、バブル崩壊、リーマンショックなどの社会・経済的影響や、BRICS などの経済的台頭などを契機とした経済の低成長化による税収の減少

②経済のグローバル化がもたらす資本移動の自由化による底辺の競争の惹起

③就業構造の変化：

i）脱工業化により労働力が均質性の高い製造業からサービス業に移行し、雇用力が低下

ii）女性就業者の増加

④非正規雇用の増加など雇用基盤の変化

⑤地方の過疎化・高齢化

⑥核家族化による高齢者世帯の増加と認知症患者の急増　など

＊過去に、イギリスのマーガレット・サッチャー首相（1979 ～ 90）やアメリカのロナルド・レーガン大統領（1981 ～ 89）などの新自由主義を志向する政権によって社会保障の削減が試みられた。

◆少子高齢社会の現実

①総人口・年齢 3 区分別構成の推移（2017 年推計）

	人口（1,000 人）				割合（%）			
	総数	0 ～ 14 歳	15 ～ 64 歳	65 歳～	0 ～ 14 歳	15 ～ 64 歳	65 歳～
2015	127,095	15,945	77,282	33,868	12.5	60.8	26.6
2020	125,325	15,075	74,058	36,192	12.0	59.1	28.9
2030	119,125	13,212	68,754	37,160	11.1	57.7	31.2
2040	110,919	11,936	59,777	39,206	10.8	53.9	35.3
2050	101,923	10,767	52,750	38,406	10.6	51.8	37.7
2060	92,840	9,508	47,928	35,403	10.2	51.6	38.1

出所：国立社会保障・人口問題研究所：日本の将来推計人口「死亡中位・出生中位推計」

②高齢化の推移と将来推計

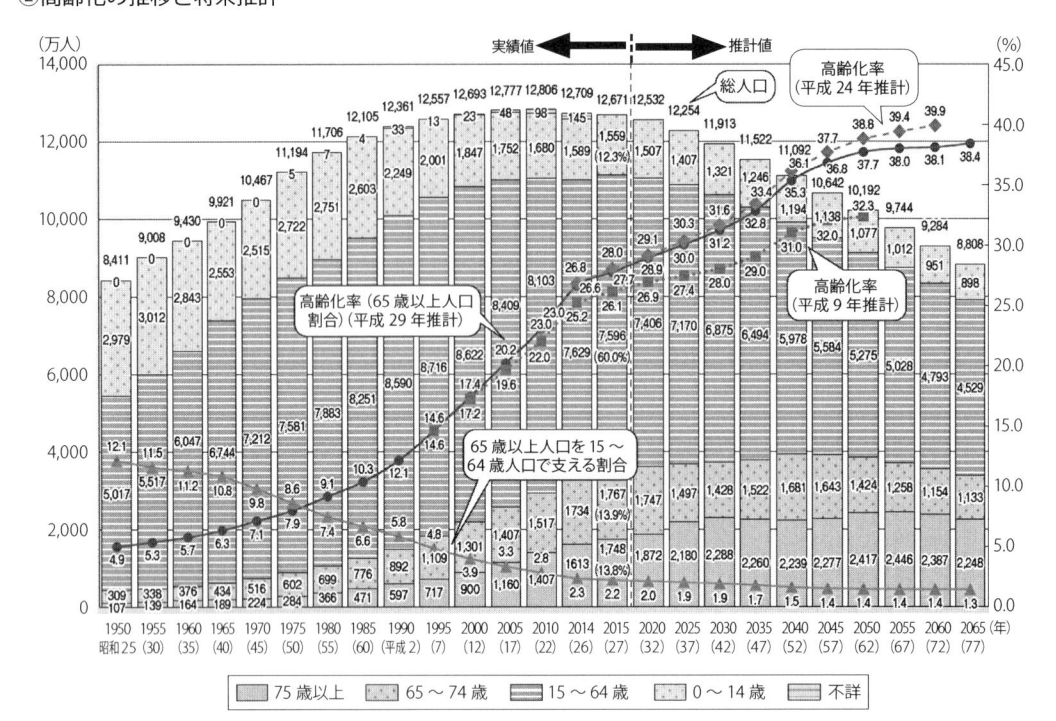

資料：2010年までは総務省「国勢調査」、2014年は総務省「人口推計」（平成26年10月1日現在）、2015年以降は国立社会保障・人口問題研究所「日本の将来推計人口（平成24年1月推計）」の出生中位・死亡中位仮定による推計結果

（注）1950年～2010年の総数は年齢不詳を含む。高齢化率の算出には分母から年齢不詳を除いている。

出所：内閣府「平成30年版高齢社会白書」

③出生数および死亡数の将来推計

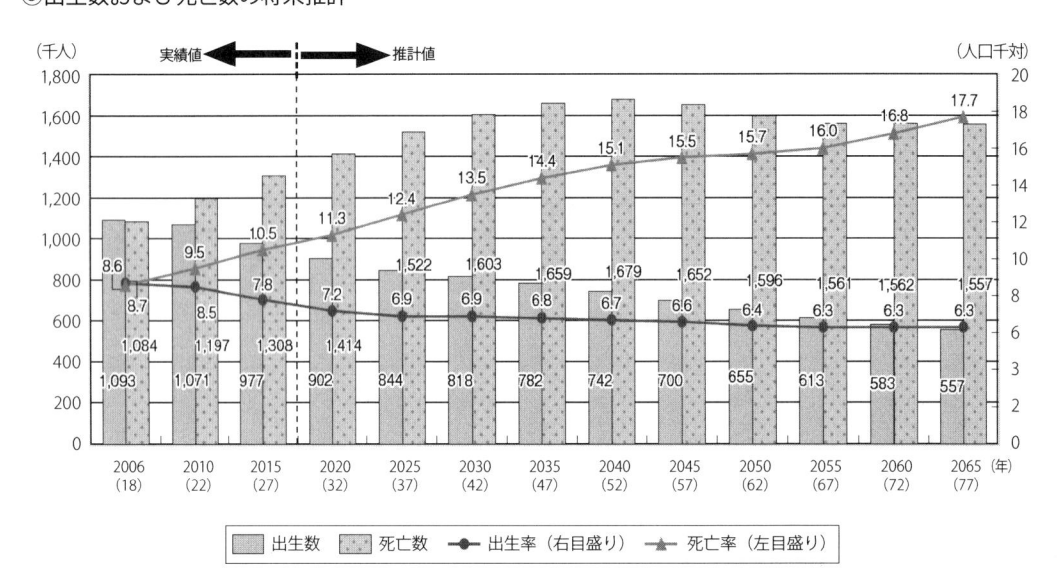

資料：2006年、2010年は人口動態統計による出生数及び死亡数（いずれも日本人）。2015年以降は「日本の将来推計人口（平成24年1月推計）」の出生中位・死亡中位仮定による推計結果（日本における外国人を含む）

出所：内閣府「平成30年版高齢社会白書」

◆社会保障給付費の推移

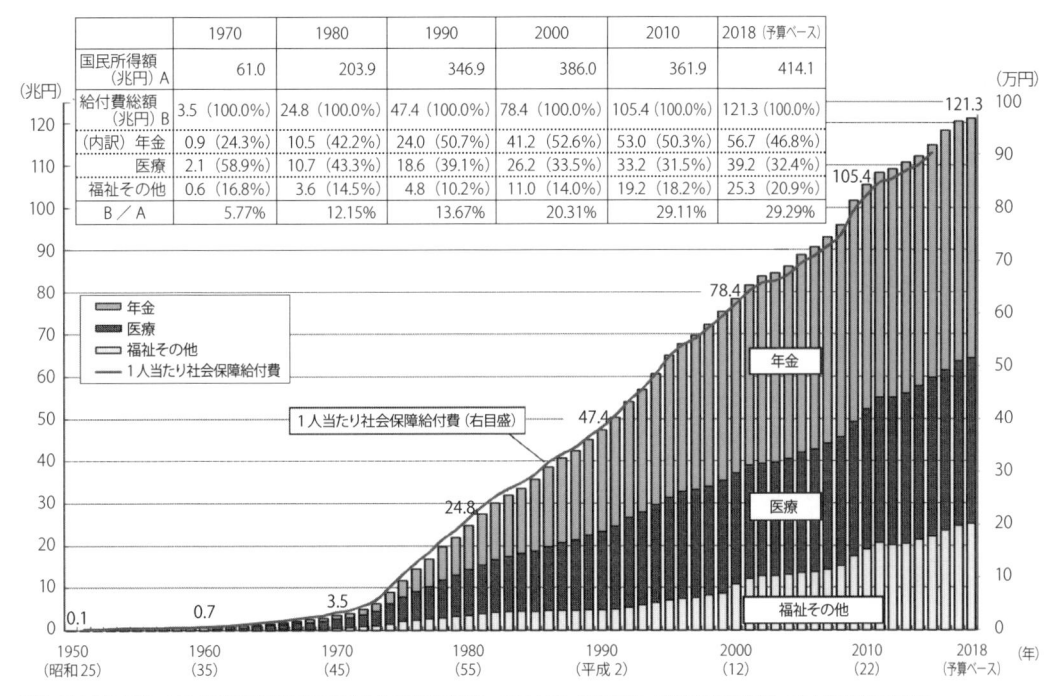

	1970	1980	1990	2000	2010	2018 (予算ベース)
国民所得額 （兆円）A	61.0	203.9	346.9	386.0	361.9	414.1
給付費総額 （兆円）B	3.5 (100.0%)	24.8 (100.0%)	47.4 (100.0%)	78.4 (100.0%)	105.4 (100.0%)	121.3 (100.0%)
（内訳）年金	0.9 (24.3%)	10.5 (42.2%)	24.0 (50.7%)	41.2 (52.6%)	53.0 (50.3%)	56.7 (46.8%)
医療	2.1 (58.9%)	10.7 (43.3%)	18.6 (39.1%)	26.2 (33.5%)	33.2 (31.5%)	39.2 (32.4%)
福祉その他	0.6 (16.8%)	3.6 (14.5%)	4.8 (10.2%)	11.0 (14.0%)	19.2 (18.2%)	25.3 (20.9%)
B／A	5.77%	12.15%	13.67%	20.31%	29.11%	29.29%

資料：国立社会保障・人口問題研究所「平成27年度社会保障費用統計」、2016年度、2017年度、2015年度（予算ベース）は厚生労働省推計、
　　　2018年度の国民所得額は「平成30年度の経済見通しと経済財政運営の基本的態度（平成30年1月22日閣議決定）」
（注）図中の数値は、1950、1960、1970、1980、1990、2000、2010、2018年度（予算ベース）の社会保障給付費（兆円）である。

6 社会保障関連年表

西　暦	関係史	備　考
1492	コロンブス、新大陸発見	中世から近代へ
1500 頃	囲い込み運動始まる（英）	開放耕地の牧羊場化
1517	ルター、95 カ条の論題（独）	宗教改革の始まり
1530	救貧法（英）	最初の救貧法、浮浪生活の取り締まりが主
1534	首長令発布（英）	イギリス国教会成立、絶対王政化を推進
1536	救貧法改正（英）	物乞いの禁止、教会に慈善箱を設置
1540	修道院解散（英）	この時期、修道院はイングランドのほぼ 1/5 ～ 1/4 の土地を所有し、王室財政に匹敵
1547	救貧法改正（英）	浮浪者を逮捕して烙印を押す。 強制労働の適用
1553	メアリー 1 世即位（英）	カトリックへ復帰
1558	エリザベス 1 世即位（英）	翌年すぐに信教統一令と国王至上法を制定し、絶対王政へ復帰
1570	エリザベス 1 世破門（英）	ローマ教皇との対決本格化
1572	救貧法改正（英）	救貧税、貧民監督官の制度
1576	救貧法改正（英）	救貧税の徴税官の制度
1600	東インド会社設立（英）	1584 年からアメリカへの入植も開始
1601	**エリザベス救貧法制定（英）**	**救貧法制の集大成、十分の一税の救貧税化（社会保障の起源）**
1603	エリザベス 1 世死去（英）	
1628	権利請願（英）	清教徒（ピューリタン）派の台頭
	ギルド消滅（英）	
1642	清教徒革命始まる（英）	1649 年に国王チャールズ 1 世処刑後、清教徒（議会が国王を選任）派、国教徒（王権は神から直接与えられた＝国権神授説）派、カトリック（神の代弁者である教皇が王を親任）派の 3 勢力が争う。
1662	居住地法（英）	貧困者の移動を禁止
1689	権利宣言（権利章典）（英）	名誉革命の結果、立憲君主制が確立。教会組織は長老派と呼ばれる穏健な清教徒派が支配

年	事項	内容
1722	ナッチブル法（英）	労役場への入所を強制する。
1768	アークライトの水力紡績機（英）	産業革命始まる。
1782	ギルバート法（英）	労役場の請負禁止、労役場への入所を義務づけない。
1792	友愛組合（ローズ）法（英）	友愛組合を認め、加入を奨励
1795	スピナムランド制（英）	最低賃金法を阻止するための賃金補助制度
1796	ウイリアム・ヤング法（英）	治安判事の判断で戸外救済を認める。
1830	農業労働者の全国的な暴動（英）	スウィング暴動から発展し、1831 年まで続く。
1834	新救貧法（英）	居住地法、戸外救済を廃止
1848	マルクス・エンゲルス「共産党宣言」	社会主義理論の構築
1862	**オットー・フォン・ビスマルクがプロイセン宰相に就任（独）**	1862 〜 90（1871 〜 90 ドイツ帝国宰相）
1871	ドイツ帝国成立（独）	プロイセン（プロシア）によるドイツ統一
1874（M7）	恤 救 規則 （じゅっきゅう）	イギリスの「救貧法」に当たる → 1929（S4）救護法 → 1946（S21）生活保護法 → 1950（S25）（新）生活保護法
	「医制」発布（文部省）	医療行政の基本が盛り込まれた。
1875（M8）	退隠令（海軍）	恩給として知られている官公吏に対する年金制度の始まり
	医療行政が文部省から内務省	
1876（M9）	陸軍恩給令	
1877（M10）	恩給令制定	
1878	社会主義者鎮圧法（独）	社会主義的結社、集会、出版、寄付金集め等の禁止
1881	皇帝ウィルヘルム 1 世勅令（独）	労働者を取り締まるだけでなく、積極的に彼らの待遇改善に努めるべきだとの見解
1883	**疾病保険法（独）**	**世界初の社会保険** 既存の共済組合を利用し、公費負担なし

1884	業務災害保険法（独）	**世界初の労災保険　全額事業主負担**
	（M17）官吏恩給令	給付財源は全額公費
1889	**老齢廃疾保険法（独）**	**世界初の年金保険**
		30年以上保険料を払い込んだ70歳以上の高齢者に給付するもので、公費負担が1/3
1890（M23）	軍人恩給法 官吏恩給法	1923（T12）恩給法に統一
1905（M38）	鐘淵紡績（現「クラシエ」）、八幡製鉄所（現「新日鉄住金」）に共済組合制度発足	1907〜1908年には、当時現業部門公務員の鉄道、逓信、印刷等のグループごとに共済組合制度が設立された。 ＊権力的な性格を持つ官吏とは別に現業部門の公務員は共済組合制度として組織されていった。
1906（M39）	医師法・歯科医師法制定	＊前後して、産婆規則、看護婦規則も定められた。 ＊この時期の病院は内務省の許可で公立病院、府県の許可で私立病院が設立された。 ⇒その後、自由開業医制 ⇒医師・医療機関が都市に集中
1908	老齢年金法（英）	無拠出制年金制度（資力調査付き）
1909	職業紹介法（英）	労働者への雇用斡旋を国営の職業紹介所が独占する仕組み
1911	**国民保険法（英）**	**世界初の国営失業保険を含む**
	帝国保険法（独）	
1914	第一次世界大戦始まる	1918年まで続く
1917	ロシア革命（露）	共産主義国家ソビエトが誕生（1922年）
1918	第一次世界大戦終戦	
1919	ILO第1回総会 （ILO創設）	ILO：国際労働機関（本部：ジュネーブ） 　　　International Labour Organization 労働者の労働条件と生活水準の改善を目的とする国連最初の専門機関
	ワイマール憲法（独）	ドイツ共和国誕生、社会民主主義国家 ・第151条：生存権の保障 ・第161条：包括的な社会保険の提供
	（T8）官業共済組合設立	
	（T8）結核予防法	**公衆衛生面での施策が進む**

1922（T11）	健康保険法公布	1927（S2）年施行
		労働者の業務上及び業務外の災害に対して給付
		※業務災害は 1947（S22）年、労働基準法及び
		労働者災害補償保険法の制定・施行まで
1923（T12）	恩給法	※恩給法と官業共済組合が合体して、現在の国
		家公務員共済組合、地方公務員等共済組合へ
1925	寡婦・孤児・老齢拠出年金法（独）	資力調査なしの拠出制年金制度
1927	ワイマール社会保険法（独）	失業保険の導入
	（S2）健康保険法施行	＊「健康保険法」の成立は 1923（T12）
1929	世界恐慌始まる	ニューヨーク証券取引所の株価が暴落し、世界中に伝播
	（S4）救護法	
1931（S6）	労働者災害扶助法	1947（S22）労働者災害補償保険へ
1934	社会保険構成法（独）	失業保険を他の社会保険から切り離す。
	失業法（英）	長期失業者への失業保険給付の停止および資力調査付き扶助
1935	連邦社会保障法（米）	フランクリン・ルーズベルト大統領がニューディール政策の一環として連邦社会保障法（Social Security Act）を制定。
		社会保障という言葉が最初に使われる。
1937（S12）	保健所法制定	
1938（S13）	国民健康保険法制定	農業従事者等を対象（農民、漁民の救済策）加入は任意
		※すべての国民を対象にした国民健康保険は 1961（S36）
	厚生省設置	医療行政は内務省から厚生省へ
1939	第二次世界大戦始まる	1945 年まで続く
	（S14）船員保険	包括保険
		※民間の雇用者年金制度が初めて含まれる。
1940（S15）	国民体力法	
1941（S16）	労働者年金保険法制定	労働者が対象。1942（S17）6 月 1 日発足
	太平洋戦争始まる	12 月 8 日、米・英に宣戦布告
	保健婦規則が定められる	

1942	ILO「社会保障への途」（App-roaches to Social Security）	社会保障の技術面での2つの柱として「社会扶助」と「社会保険」を挙げる。
	ベヴァリッジ報告（英）	**社会保障という言葉が、国際的に使われるようになったのはベヴァリッジ報告以降。** ・社会保険制度を中心とし、公的扶助・関連諸サービスを総合し、「ゆりかごから墓場まで」をスローガンにした社会保障計画を提唱 ・戦後の社会保障の理想的体系を提示 ・社会保険制度においては均一拠出と均一給付を採用
	（S17）国民医療法制定	医師法・歯科医師法統合 ＊政府が出資する日本医療団設立 ⇒結核の予防撲滅、無医地区解消、全国的な医療網の整備、妊産婦手帳配布 ＊妊産婦手帳は現在の母子健康手帳の基
1943（S18）	町村職員恩給組合発足	市の職員の退隠料条例がようやく発足
1944（S19）	厚生年金保険法	労働者年金保険法の対象を職員や女子に拡大する形で成立
1945	第二次世界大戦終戦	
1946（S21）	日本国憲法公布（11月3日） ＊施行（1947年5月3日）	日本国憲法第25条（生存権） ＊日本の社会保障の位置づけを明記 一．すべての国民は、健康で文化的な最低限度の生活を営む権利を有する。 二．国は、すべての生活部面について、社会福祉、社会保障及び公衆衛生の向上及び増進に努めなければならない。
	（旧）生活保護法	生活困窮者の援助を目的に、不完全ながらも3原則に基づく公的扶助制度を確立 ①国家責任の原則 ②無差別平等の原則 ③最低生活保障の原則
1947（S22）	児童福祉法	浮浪児対策を契機としつつも、広く児童一般の福祉を図る目的で制定
	失業保険法	

	労働基準法	
	労働者災害補償保険法	業務上の災害については労働者災害補償保険に委ねられた。 ※健康保険法も改正され、業務外の災害による被保険者とその家族の疾病、負傷、死亡、分娩に対する保険給付に限定
1948	**世界人権宣言**	国際連合総会にて採択 前文で「恐怖と欠乏からの自由」、第22条で社会保障を人権の一つとして明記
1948（S23）	国家公務員共済組合創設	（7月）
	寡婦年金の創設	（8月1日）※後の遺族年金
	医師法 歯科医師法 医療法	1942（S17）の国民医療法から分離制定
	歯科衛生士法制定	
1949（S24）	身体障害者福祉法	傷痍軍人への対策を契機として制定
1950（S25）	**社会保障制度審議会が「社会保障制度に関する勧告」発表**	勧告の中で社会保障を次のように定義 <u>「いわゆる社会保障制度とは、疾病、負傷、分娩、廃疾、死亡、老齢、失業、多子その他困窮の原因に対し、保険的方法または直接の公の負担において経済的保障の途を講じ、生活困窮に陥った者に対しては国家扶助によって最低限度の生活を保障するとともに、公衆衛生及び社会福祉の向上を図り、もって、すべての国民が文化的社会の成員たるに値する生活を営むことができるようにすることをいう」</u>
	（新）生活保護法の公布・施行	<u>4原理</u>に基づく新生活保護法の公布・施行 ①国家責任の原理 ②無差別平等の原理 ③最低生活の原理 ④保護の補足性の原理
1951（S26）	社会福祉事業法	
	診療放射線技師法	

1952	ILO　社会保障の最低基準に関する条約（102号）採択	日本の批准は1976年
1954（S29）	日本私立学校振興・共済事業団	（1月）
	厚生年金保険法の全面改定	老齢給付の開始
1955（S30）	市町村職員共済組合	（1月）
	（新）国民健康保険法	本格的な高度経済成長期に入る。 被用者保険や被用者年金に加入していない自営業者や農業従事者等の加入義務付け
	国民年金法	1959年に国民年金法施行
	歯科技工士法	
	医療法人制度	当初は公的病院が整備されたが、医療法人制度により民間病院が充実
1956（S31）	公共企業体職員等共済組合法制定	
1958（S33）	国家公務員共済組合法制定	
1961（S36）	市町村国民健康保険事業の開始、国民年金法の全面施行	**4月　国民皆保険・皆年金が確立**
1962（S37）	社会保険庁の発足	
	地方公務員等共済組合法制定	
1965（S40）	理学療法士・作業療法士法	
1968（S43）	国民健康保険の給付率改定	国民健康保険の7割給付の実現
1970（S45）	臨床検査技師法	
1971（S46）	児童手当制度の創設	児童を養育する者に対する手当
1973（S48）	老人医療費無料制度の創設	**「日本の福祉元年」**と位置づけられた。 老人医療の患者負担の無料化
	健康保険の被扶養者の給付率の引上げ	被用者保険の家族7割給付の実現
	高額療養費制度の導入	
	厚生年金・国民年金改定	年金の給付水準の大幅な引下げ 　現役労働者の平均標準報酬の60%程度 　物価スライド・賃金スライドの導入
	「一県一医大構想」	全都道府県に医科大学が設置され始める。
	1973年秋オイルショック	**高度経済成長の終焉** 原油価格の高騰によるインフレ⇒税収減 社会保障関係費の急増

年	事項	内容	
1974（S49）	雇用保険法の制定	前身は失業保険法（S22）	
1980（S55）	社会保障制度の見直しに着手	（目的）安定成長への移行 　国の財政再建への対応 　将来の超高齢社会への適合	
1982（S57）	老人保健制度創設	患者本人の一部負担導入（無料制度廃止） <u>老人保健拠出金の仕組みの導入</u> 　各医療保険制度が拠出金を納付する。	
1984（S59）	健康保険法改正	被用者本人の一部負担金導入（1割）	
	特定療養費制度の創設	基礎的部分は保険給付の対象としつつ、新技術を活用する部分等については自己負担 ⇒ 2006 年「保険外併用療養費制度」（評価療養・選定療養）に移行	
	退職者医療制度創設		
1986（S61）	全国民共通の**基礎年金制度の**導入（4月1日）	現在の年金制度へと改定 ※1階：従来の国民年金⇒基礎年金 ※2階：厚生年金、共済年金など ※現役世代と高齢世代間の給付と負担の公平を図るとの理由で給付水準を引き下げ	
1989（H1）	ゴールドプランの策定	<u>特殊出生率が 1.5 を下回る</u> 高齢者保健福祉施策 「高齢者保健福祉推進十か年戦略」（ゴールドプラン）	福祉 3 プラン（ゴールドプラン・エンゼルプラン・障害者プラン）の策定により保健福祉サービスの基盤整備
1990（H2）	老人福祉法の改正	ゴールドプランの推進 全市町村および都道府県に「老人保健福祉計画」の策定を義務付け	
1994（H6）	**エンゼルプランの策定**	少子化対策 「今後の子育て支援のための施策の基本的方向について」（エンゼルプラン）	
	年金給付開始年齢の改定	年金給付開始年齢 65 歳以上	
1995（H7）	**障害者プラン**		
1997（H9）	基礎年金番号の導入		

1999（H11）	ゴールドプラン 21 の策定	「今後 5 か年間の高齢者保健福祉施策の方向」（ゴールドプラン 21）
2000（H12）	新エンゼルプランの策定	「重点的に推進すべき少子化対策の具体的実施計画について」（新エンゼルプラン）
	介護保険制度の創設	老人福祉と老人医療に分かれていた高齢者の介護制度を社会保険の仕組みで再編成
	国民年金法改正	支給開始年齢の引上げ
	健康保険法改正	患者負担の引上げ（3 割）
2003（H15）	障害者保健福祉施策の改正	4 月より従来の措置制度から、利用者が自らサービスを選択する支援費制度へと移行 ⇒一定のサービス提供体制の整備が図られることとなり、新たな利用者が急増 ★支援費制度は①精神障害者が対象となっていない②従来と変わらず障害種別ごとの制度③全体のサービス利用が増大するなかで、新規利用者がさらに増加することなどへの対応が十分でなかった。 ⇒ 2005 年「障害者自立支援法」へ
	少子化対策基本法の制定 次世代育成支援対策推進法の制定	少子化対策
2004（H16）	「社会保障のあり方に関する懇談会」	7 月、社会保障制度全般について、税・保険料等の負担と給付のあり方を含め一体的な見直しを行う必要があるとの問題意識下で議論を開始、2006 年 5 月に「今後の社会保障のあり方について」が取りまとめられ、「骨太の方針 2006」に盛り込まれた。
	国民年金法改正 （年金制度改革）	マクロ経済スライド導入 2017 年までに段階的に保険料を 18.3%まで引上げ 基礎年金の国庫負担割合の引上げ（2009 年までに 1/2 へ引上げ）

2005 (H17)	介護保険法改正（6月）	**介護予防重視型システムへの転換**
		地域密着型サービスの創設
		利用者負担の見直し
		介護報酬改定（2005 年 10 月と 2006 年 4 月にプラス 2.4％の改定）
		介護保険の療養病床の廃止
		＊介護療養病床は 2017 年末で全廃するとされたが、2014 年 11 月 6 日開催の社会保障審議会（厚労省の諮問機関）で、5 要件を満たす病院（介護療養型医療施設）を「療養機能強化型（仮称）」として存続させ、5 要件を満たさない病院はリハビリを手掛ける介護老人保健施設への転換を促す方向性が示された。
		＊5 要件：
		①重篤な身体疾患を有する者・身体合併症を有する認知症高齢者が一定割合以上
		②一定の医療処置を受けている患者が一定割合以上
		③ターミナルケアを受けている者が一定割合以上
		④生活機能を維持改善するリハビリテーションを行っている
		⑤地域に貢献する活動を行っている
	障害者自立支援法	＊10 月 31 日成立・2006 年 4 月 1 日より段階的に施行
		＊2013 年 4 月 1 日より「障害者総合支援法」
	少子化社会対策大綱に基づく子ども・子育て応援プラン	少子化対策
		2005 年から「少子化社会対策大綱」とその具体的な実施計画である「少子化社会対策大綱に基づく重点施策の具体的実施について（子ども・子育て応援プラン）」に基づいてさまざまな取り組み

2006 (H18)	医療制度改革（第5次医療法改正）	安心・信頼の医療の確保と予防の重視 医療費適正化の総合的な推進 新たな医療保険制度体系の実現 療養病床の再編成
	健康保険法等の一部改正	①医療費適正化の総合的な推進 ②新たな高齢者医療制度の創設 ③都道府県単位を軸とした保険者の再編 特定療養費制度が保険外併用療養費制度へ移行（評価療養・選定療養）
	「新しい少子化対策について」（内閣府）策定	少子化対策
2007 (H19)	「『子どもと家族を応援する日本』重点戦略」策定	少子化対策
	5000万件の宙に浮いた年金記録問題発覚	
2008 (H20)	**後期高齢者医療制度**の創設	（4月）老人保健法の廃止
	全国健康保険協会の発足	（10月）社会保険庁が主管していた政府管掌保険が全国健康保険協会管掌保険に移行
2009 (H21)	民主党 鳩山内閣　9月16日～2012（H24）12月12日	
	社会保険庁廃止	12月31日に社会保険庁が廃止され、翌2010年1月1日に設立された特殊法人日本年金機構に業務が引き継がれた。
2010 (H22)	日本年金機構の発足	（1月）
	「子ども・子育てビジョン」策定	少子化対策
2011 (H23)	介護保険法の改正	**地域包括ケアシステム**の構築を目指して定期巡回・随時対応型訪問介護看護や複合型サービス等の創設
2012 (H24)	「認定こども園法改正法」等の子ども・子育て関連3法案成立	少子化対策
	税制改革関連法	消費税段階的に10%へ引上げ決定
	社会保障制度改革推進法	

		社会保障制度改革国民会議	社会保障制度改革推進法（改革推進法）に基づき設置（11 月 30 日に第 1 回を開催）
		自由民主党・公明党連立　第二次安倍内閣成立　12 月 26 日	
2013（H25）		「国民の健康の増進の総合的な推進を図るための基本的な方針」の改正	（4 月 1 日）国民の健康の増進の総合的な推進を図るための基本的な事項を示し、平成 25 年度から平成 34 年度までの「二十一世紀における第二次国民健康づくり運動（健康日本 21（第二次））」（以下「国民運動」という）を推進する。
		障害者総合支援法	（4 月 1 日）2012 年 6 月公布の「地域社会における共生の実現に向けて新たな障害保健福祉施策を講ずるための関係法律の整備に関する法律」により「障害者自立支援法」は「障害者総合支援法」に
		改正厚生年金保険法	6 月 1 日公布（4 月 1 日に遡って施行）「公的年金制度の健全性及び信頼性確保のための厚生年金保険法の一部を改正する法律」⇒厚生年金基金の廃止を促す法改正
		持続可能な社会保障制度の確立を図るための改革の推進に関する法律（プログラム法）	12 月 5 日成立、13 日公布・施行
		改正生活保護法　生活困窮者自立支援法	12 月 6 日成立、前者は 2014 年 7 月 1 日施行（一部 1 月 1 日施行）、後者は 2014 年 4 月 1 日施行
2014（H26）		消費税率引上げ　難病の患者に対する医療等に関する法律＜難病法＞	4 月 1 日、消費税 5%→ 8%　5 月 23 日に「難病の患者に対する医療等に関する法律」（難病法）成立、2015 年 1 月 1 日施行
		社会保障改革推進会議	6 月 12 日に「社会保障改革プログラム法」に基づき内閣に設置（7 月 17 日第 1 回を開催）＊社会保障改革国民会議に代わるもの
		医療・介護総合確保推進法	6 月 18 日に「地域における医療及び介護の総合的な確保を推進するための関係法律の整備等に関する法律」成立＊医療法、介護保険法をはじめとする 19 の法律を一括にまとめたもの。22 項目の附帯決議

	介護・障害福祉従事者の処遇改善に関する法律	6月20日成立
	第6次医療法改正	6月27日成立、同年10月1日施行
	「薬事法」が「医薬品医療機器等法」に変更	（11月） ＊医薬品医療機器等法（「医薬品、医療機器等の品質、有効性及び安全性の確保等に関する法律」）
2015（H27）	医療保険制度改革関連法	5月27日成立「持続可能な医療保険制度を構築するための国民健康保険法等の一部を改正する法律」
	介護保険利用者負担2割を導入	（8月1日）前年の介護保険法改正により、一定以上の所得がある人は2割負担に引上げ
	地域医療連携推進法人制度	9月16日、医療法一部改正により創設
	共済年金が厚生年金へ統合	（10月）
	医療事故調査・支援センターの創設	2014年6月に成立した改正医療法に盛り込まれた医療事故調査制度に基づくもの（2015年10月1日制度施行）
2016（H28）	障害を理由とする差別の解消の推進に関する法律	4月1日施行（制定は2013年6月）
	ニッポン一億総活躍プラン・ロードマップ	6月2日閣議決定
	医療法施行規則の一部を改正する省令（改正厚生労働省令）	6月24日、医療法施行規則第1条の10第4項に「病院等の管理者は、法第6条の10第1項の規定による報告を適切に行うため、当該病院等における死亡及び死産の確実な把握のための体制を確保する」との条文が追加
2017（H29）	働き方改革実行計画策定	（3月28日）高齢者の就業促進など
	介護保険法等の改正（地域包括ケア強化法）	①市町村の保険者機能強化と自立支援・重度化防止の取り組み、②医療・介護の連携推進に都道府県の支援、など
2018（H30）	介護医療院創設	（4月）前年の介護保険法改正により創設
	介護保険利用者負担3割を導入	（8月1日）前年の介護保険法改正により、一定以上の所得がある人について3割負担を導入

第2章
日本の社会保障制度

1　日本の社会保障制度の法的および歴史的背景

●社会保障の法的根拠　　（1）憲法上の根拠

◆**日本国憲法第 25 条（生存権、国の生存権保障義務）**

第 1 項：すべて国民は、健康で文化的な最低限度の生活を営む
　　　　権利を有する。

第 2 項：国は、すべての生活部面について、社会福祉、社会保障
　　　　及び公衆衛生の向上及び増進に努めなければならない。

◆**日本国憲法第 13 条（個人の尊重、生命・自由・幸福追求の権利
の尊重）**

　　　　すべて国民は、個人として尊重される。生命、自由及
　　　　び幸福追求に対する国民の権利については、公共の福
　　　　祉に反しない限り、立法その他の国政の上で、最大の
　　　　尊重を必要とする。

（2）歴史的背景と意義

●社会保障制度審議会
　勧告
　　　　○社会保障制度審議会勧告（1950 年 10 月）

社会保障を社会保険、公的扶助、社会福祉および公衆衛生を含
む包括的概念とし、その勧告をもとに、逐次その整備が図られ
た。

○ 1961（昭和 36）年の国民皆年金・国民皆保険体制の達成によっ
て、全国民を対象とする総合的な社会保障制度の基盤ができた。
　　　　⇒「社会的連帯」の制度化

2　社会保障の定義

●社会保障の定義
　　　　＜ 1950 年の社会保障制度審議会「社会保障制度に関する勧告」に
　　　　おける社会保障の定義＞

いわゆる社会保障制度とは、疾病、負傷、分娩、廃疾、死亡、老齢、
失業、多子その他困窮の原因に対し、保険的方法または直接の公
の負担において経済的保障の途を講じ、生活困窮に陥った者に対
しては国家扶助によって最低限度の生活を保障するとともに、公
衆衛生および社会福祉の向上を図り、もって、すべての国民が文
化的社会の成員たるに値する生活を営むことができるようにする
ことをいう。

<社会保障の定義の要旨>

①疾病、負傷、出産、老齢、要介護、障害、死亡、業務災害、失業、多子、貧困といった生活上困窮を起こしかねない事態に対して、保険的方法（**社会保険**）か、公の負担による方法（**税**）を用いた経済的保障で対応すること。

● 社会保険

②現に生活に困窮しているものに対しては、**公的扶助（生活保護制度等）**によって最低限度の生活を保障すること。

● 公的扶助

　＊公的扶助（社会扶助・国家扶助）

③これらの方法を併せ講じて**公衆衛生**と**社会福祉**の向上を図ること。

● 公衆衛生と社会福祉

④すべての国民が文化的社会の成員たるに値する生活を営むことができるようにすること。

◆社会保障の目的

　社会的、経済的、歴史的条件により、必ずしも一様ではないが、国民全員に健康で文化的な最低限度の生活を提供すること。

◆社会保障の経済的意味

　市場経済の中で社会保障を行うということは、国民全員に健康で文化的な最低限度の生活を保障するために国が市場に介入し、また、市場原理に基づく資源配分の結果を変更すること。

3　社会保障制度の４つの機能

①**社会的機能**（社会的セーフティー）

　　国民の最低生活の保障を図ることにより社会の安定を確保する機能

②**経済的機能**（所得再分配機能）

　　個人や所得階層間の格差を是正し縮小する機能

③**リスク配分機能**

　　社会全体でリスクに対応する仕組みを作ることにより、資金の提供などを通じてリスクのもたらす影響を最小化できる。

④**社会の安定および経済の安定・成長機能**

　　年金など、不況でも一定額の現金が支給される制度が消費活動をもたらし、景気変動を平準化する。

◆現在の社会保障制度に求められる機能

(1) 社会保障の目的を達成するための機能

①生存保障機能

②リスク分散機能

③社会統合機能

(2) 社会保障の環境づくりのための機能

④経済安定化機能

(3) 副作用を抑制するための機能

⑤乱用防止機能：不正利用・不当受給防止

⑥誘引両立性保障機能：自助努力の意欲を削がない

⑦経済効率性維持機能：国民経済や市場の効率を妨げない

---

4 社会保障制度の法制度上の体系

●社会保険

(1) 社会保険

健康保険、年金保険、労働者災害補償保険、雇用保険、介護保険、船員保険、各種共済組合保険など

●生活保護法
●医療扶助

(2) 公的扶助（生活保護） 根拠法律「生活保護法」

生活扶助（衣食）、教育扶助（義務教育の教科書）、住宅扶助（住宅、補修）、医療扶助、介護扶助、出産扶助、生業扶助（資金、技能習得）、葬祭扶助

＊医療扶助は医療保険と同じく現物給付

(3) 公衆衛生および医療

感染症対策、麻薬対策、上下水道整備、廃棄物処理対策、医療供給体制の整備など

＊「感染症の予防及び感染症の患者に対する医療に関する法律」（感染症法）など法律によって規定されている。

●社会福祉

(4) 社会福祉

身体障害者福祉、知的障害者福祉、精神障害者福祉、高齢者福祉、母子及び寡婦福祉、児童福祉など

5 社会保障制度の保障上の体系

 （1）医療保障

  <u>社会保険方式</u>（医療保険、後期高齢者医療）、公費負担医療

 （2）所得保障（生活保障）

  <u>社会保険方式</u>（年金保険、労働者災害補償保険、雇用保険）、
  生活保護（公的扶助）

 （3）公衆衛生および医療

  感染症予防、医療供給一般、環境保全対策、学校保健、伝染病
  対策など

 （4）社会福祉サービス

  <u>社会保険方式</u>（介護保険）、障害者福祉、母子福祉、高齢者福
  祉など

6 社会保障の財源

社会保障給付費とその財源

 わが国の社会保障給付費は、1970 年に 3.5 兆円だったものが 2018 年には 121.3 兆円と 30 倍以上に増え、国民所得の 29.3％（予算ベース）に達した。その内訳は、年金が 46.8％、医療 32.4％、介護を含む福祉その他で 20.9％となっている。国の推計では 2025 年には 140 兆円に増加する見通しである。

 少子高齢化により財源の確保が難しくなるなか、第二次安部内閣は 2012 年に、社会保障と税の一体改革により、消費税の全額（地方消費税分は除く）を、それまで「高齢者 3 経費」（基礎年金、老人医療、介護）に充てるとされていた使途を、年金、医療、介護および子育ての「社会保障 4 経費」に充てる全世代対応型の社会保障へと転換した。

● 高齢者 3 経費

● 社会保障 4 経費

 社会保障給付費の財源は主に、社会保険における被保険者本人と被用者保険の事業主が支払う「保険料」（約 60％）と、国民の納税による国・地方の「税」（約 40％）からなる。

 税収も保険料収入も結局は国民の所得に依存するため、近年のわが国の経済低迷等によりいずれも厳しい状況が続いている。拡大する社会保障給付費と伸びない保険料収入の差は国・地方の税で賄わ

▶社会保障財源の全体像（イメージ）

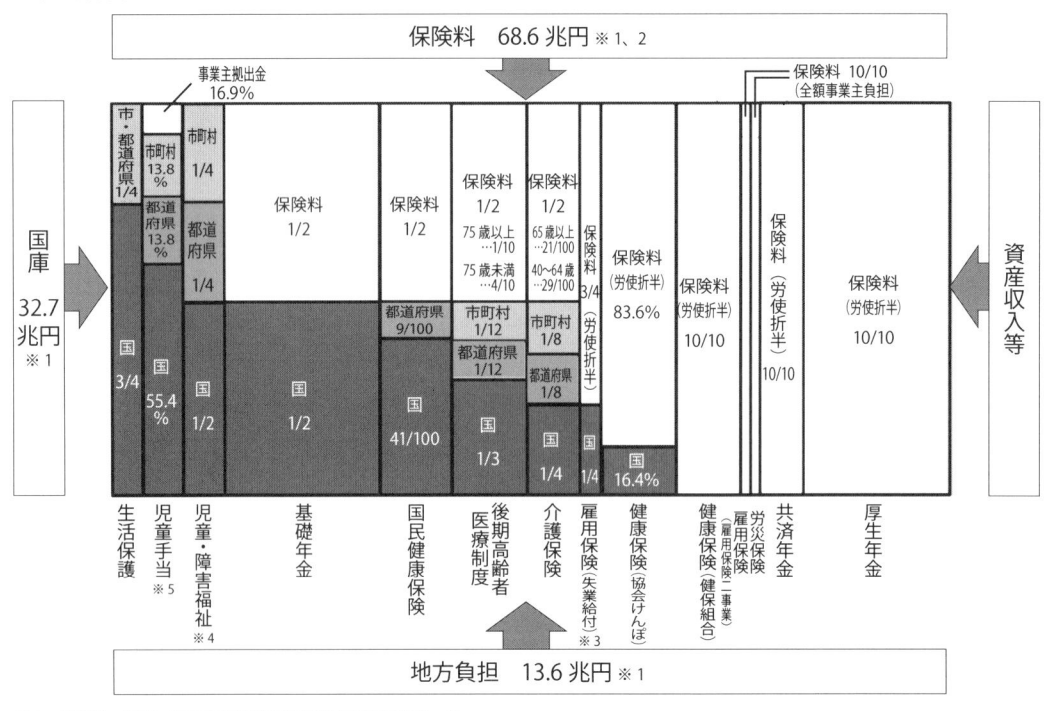

※1 保険料、国庫、地方負担の額は平成29年当初予算ベース。
※2 保険料は事業主拠出金を含む。
※3 雇用保険（失業給付）については、当分の間、国庫負担割合（1/4）の10％に相当する額を負担。
※4 児童・障害福祉のうち、児童入所施設等の措置費の負担割合は、原則として、国1/2、都道府県・指定都市・中核市・児童相談所設置市1/2等となっている。
※5 児童手当については、平成29年度当初予算ベースの割合を示したもの。
出所：厚生労働省「社会保障制度改革の全体像」

れることとなるため、社会保障財源のうち税に依存する割合が増加しており、財政赤字を拡大させる主たる要因の一つと考えられている。

●社会保障・税の一体改革

社会保障・税の一体改革

　「社会保障と税の一体改革大綱」に基づき、消費税率の引き上げによる税収増を図りつつ、社会保障の機能を維持・強化するという一体改革の本来の目的を達成するため、政府は制度改革の道筋を定めた「持続可能な社会保障制度の確立を図るための改革の推進に関する法律」（社会保障改革プログラム法）の成立を急ぎ、2025年に向けて体制整備を図ることとした。

●社会保障改革プログラム法

　これは2013年の社会保障制度改革国民会議の議論に基づき、1年以内の「法制上の措置」を行うとされたものの、医療、介護、年金、少子化対策と広範囲で個別の改革法案を期限内に作るのが現実的に困難なため、大まかな改革項目と実施時期を列挙したプログラム法案を準備することで「法制上の措置」としたもの。

（1）医療費の財源

①医療費の動向

　2016 年度の国民医療費総額は 42 兆 1,381 億円、前年度の 42 兆 3,644 億円に比べ 2,263 億円、0.5％の減少となったものの、2013 年度に初めて 40 兆円を超えてから 4 年が経過した。1 人当たり国民医療費は 33 万 2,000 円、前年度の 33 万 3,300 円と比べて 0.4％減少したとはいえ、いずれも過去最高水準を維持している（図 A・B、表 A 参照）。1990 年度の国民医療費が 20.6 兆円（1 人当たり国民医療費は 16.7 万円）であったのと比べて、2000 年度までの 10 年間で約 10 兆円（1 人当たりでは 7.1 万円）増加、次の 2010 年度までの 10 年間でも約 7 兆円増加したことになる（図 C 参照）。

　診療種類別（構成割合）では、医科 30 兆 1,853 億円（71.6％）、歯科 2 兆 8,574 億円（6.8％）、薬局調剤 7 兆 5,867 億円（18.0％）、入院時食事・生活医療費 7,917 億円（1.9％）、訪問看護医療費 1,742 億円（0.4％）、療養費等 5,427 億円（1.3％）となり、対前年度増減率では、医科は 0.5％の増加、歯科は 1.0％の増加、薬局調剤は 5.0％の減少となっている（表 D、図 D 参照）。

　2008 年度から 2016 年度までの 8 年間で、医科診療医療費は 25 兆 9,595 億円から 30 兆 1,853 億円に 16.3％の増加、薬局調剤医療費は 5 兆 3,955 億円から 7 兆 5,867 億円に 40.6％も増加しているが、歯科診療医療費は 2 兆 5,777 億円から 2 兆 8,574 億円と 10.9％の増加にとどまっている。

②医療費の財源

●職域保険

●地域保険

●後期高齢者医療制度

　社会保障給付費の中で、医療費はその約 32％ を占めている。わが国ではすべての国民が「職域保険」としての全国健康保険協会や健康保険組合等、または「地域保険」としての国民健康保険、「後期高齢者医療制度」における広域連合のいずれかへの加入が義務づけられている。医療費の財源はそれらの公的医療保険の保険料と公費（税）を主な財源としている。

　しかし、近年はデフレや景気低迷の影響などにより、サラリーマンの所得水準の低下や非正規労働者の増加などによる国民所得の全体的な低下により保険料の伸びが抑えられている。保険料収入の動

向を見ると、被用者保険である全国健康保険協会（協会けんぽ：旧政府管掌健康保険）の平均保険料率は中小企業従業員の報酬減のため 2012 年には過去最高の 10％に上昇した。比較的大企業の従業員が加入する健康保険組合の保険料収入も加入者の報酬低下などにより年々保険料率の上昇が続いており、健康保険組合のなかには解散して全国健康保険協会に加入する事業者もみられる。国民健康保険の保険料収入は、無職や非正規労働者の加入増加、また景気低迷等による低所得者の保険料未納の増加など厳しい状況か続いており、財政構造上極めて脆弱になっている。

逆に公費（税）の医療費財源構成上の割合は、財政の赤字進展状況下においても、保険制度間の財政力格差の是正や低所得者等への扶助の観点など高齢化の進展に伴い、徐々に増加している。

2016 年度における医療費の財源構成は公費 16 兆 2,840 億円〔38.6％、内訳は国庫 10 兆 7,180 億円（25.4％）、地方 5 兆 5,695 億円（13.2％）〕、保険料 20 兆 6,971 億円〔49.1％、内訳は被保険者 11 兆 9,189 億円（28.3％）、事業主 8 兆 7,783 億円（20.8％）〕、患者負担 4 兆 8,603 億円（11.5％）となっている（表 E 参照）。

▶図 A：国民医療費・対国内総生産及び国民所得比率の年次推移

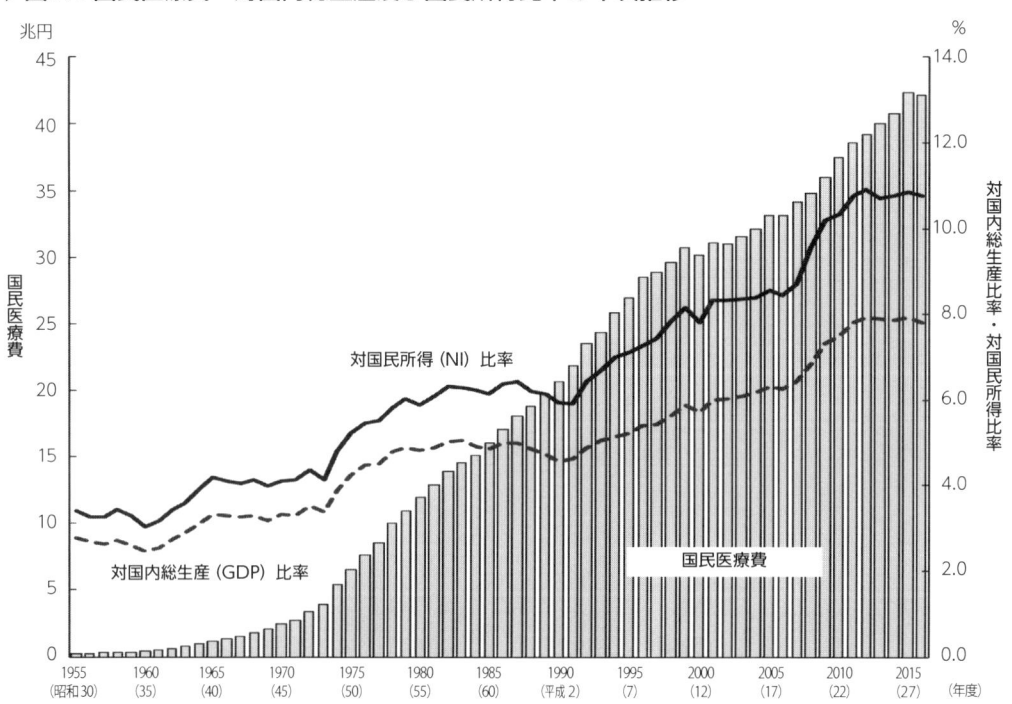

出所：厚生労働省「平成 25 年度 国民医療費の概況」（平成 27 年 10 月 7 日）

▶表A：国民医療費・対国内総生産及び国民所得比率の年次推移

年　次 （年度）	国民医療費 （億円）	対前年度 増減率 （%）	人口 一人当たり 国民医療費 （千円）	対前年度 増減率 （%）	国内総生産 （GDP） （億円）	対前年度 増減率 （%）	国民所得 （NI） （億円）	対前年度 増減率 （%）	国民医療費の比率 国内総生産 に対する 比率 （%）	国民医療費の比率 国民所得 に対する 比率 （%）
1954（昭和 29）	2 152	…	2.4	…	…	…	…	…	…	…
1955（30）	2 388	11.0	2.7	12.5	85 979	…	69 733	…	2.78	3.42
1965（40）	11 224	19.5	11.4	17.5	337 653	11.1	268 270	11.5	3.32	4.18
1975（50）	64 779	20.4	57.9	19.1	1 523 616	10.0	1 239 907	10.2	4.25	5.22
1985（60）	160 159	6.1	132.3	5.4	3 303 968	7.2	2 605 599	7.2	4.85	6.15
1990（平成 2）	206 074	4.5	166.7	4.1	4 516 830	8.6	3 468 929	8.1	4.56	5.94
1991（3）	218 260	5.9	176.0	5.6	4 736 076	4.9	3 689 316	6.4	4.61	5.92
1992（4）	234 784	7.6	188.7	7.2	4 832 556	2.0	3 660 072	△ 0.8	4.86	6.41
1993（5）	243 631	3.8	195.3	3.5	4 826 076	△ 0.1	3 653 760	△ 0.2	5.05	6.67
1994（6）	257 908	5.9	206.3	5.6	5 026 362	4.2	3 683 506	0.8	5.13	7.00
1995（7）	269 577	4.5	214.7	4.1	5 164 065	2.7	3 784 796	2.7	5.22	7.12
1996（8）	284 542	5.6	226.1	5.3	5 287 664	2.4	3 913 605	3.4	5.38	7.27
1997（9）	289 149	1.6	229.2	1.4	5 333 382	0.9	3 884 837	△ 0.7	5.42	7.44
1998（10）	295 823	2.3	233.9	2.1	5 260 134	△ 1.4	3 782 396	△ 2.6	5.62	7.82
1999（11）	307 019	3.8	242.3	3.6	5 219 883	△ 0.8	3 770 032	△ 0.3	5.88	8.14
2000（12）	301 418	△ 1.8	237.5	△ 2.0	5 285 127	1.2	3 859 685	2.4	5.70	7.81
2001（13）	310 998	3.2	244.3	2.9	5 190 735	△ 1.8	3 743 078	△ 3.0	5.99	8.31
2002（14）	309 507	△ 0.5	242.9	△ 0.6	5 147 644	△ 0.8	3 726 487	△ 0.4	6.01	8.31
2003（15）	315 375	1.9	247.1	1.7	5 179 306	0.6	3 779 521	1.4	6.09	8.34
2004（16）	321 111	1.8	251.5	1.8	5 211 802	0.6	3 826 819	1.3	6.16	8.39
2005（17）	331 289	3.2	259.3	3.1	5 256 922	0.9	3 873 557	1.2	6.30	8.55
2006（18）	331 276	△ 0.0	259.3	△ 0.0	5 290 766	0.6	3 923 513	1.3	6.26	8.44
2007（19）	341 360	3.0	267.2	3.0	5 309 973	0.4	3 922 979	△ 0.0	6.43	8.70
2008（20）	348 084	2.0	272.6	2.0	5 094 688	△ 4.1	3 639 913	△ 7.2	6.83	9.56
2009（21）	360 067	3.4	282.4	3.6	4 920 704	△ 3.4	3 534 222	△ 2.9	7.32	10.19
2010（22）	374 202	3.9	292.2	3.5	4 992 810	1.5	3 619 241	2.4	7.49	10.34
2011（23）	385 850	3.1	301.9	3.3	4 940 172	△ 1.1	3 584 029	△ 1.0	7.81	10.77
2012（24）	392 117	1.6	307.5	1.9	4 944 780	0.1	3 598 267	0.4	7.93	10.90
2013（25）	400 610	2.2	314.7	2.3	4 831 103	1.8	3 620 550	2.9	8.29	11.06
2014（26）	408 071	1.9	321.1	2.0	5 184 685	2.2	3 791 868	1.3	7.87	10.76
2015（27）	423 644	3.8	333.3	3.8	5 339 044	3.0	3 903 050	2.9	7.93	10.85
2016（28）	421 381	△ 0.5	332.0	△ 0.4	5 392 543	1.0	3 917 156	0.4	7.81	10.76

注：1) 平成 12 年 4 月から介護保険制度が開始されたことに伴い、従来国民医療費の対象となっていた費用のうち介護保険の費用に移行したものがあるが、
これらは平成 12 年度以降、国民医療費に含まれていない。
　　2) 国内総生産（GDP）および国民所得（NI）は、内閣府「国民経済計算」による。
出所：厚生労働省「平成 28 年度 国民医療費の概況」（平成 30 年 9 月 21 日）

▶図B：国民医療費の構造　2016（平成 28）年度

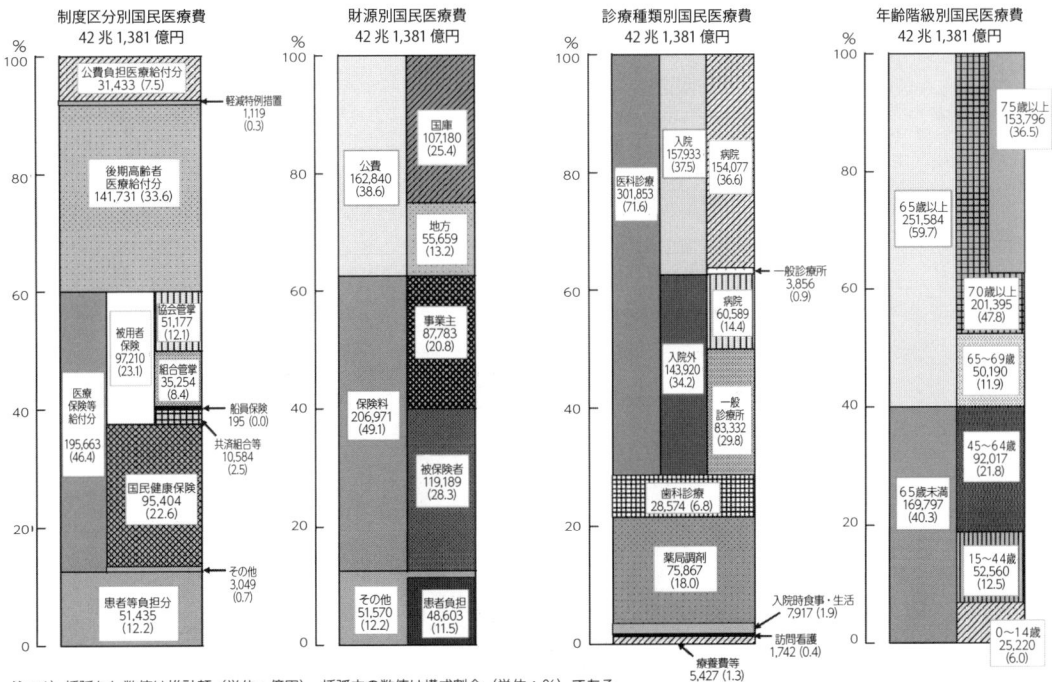

［国民医療費総額　42 兆 1,381 億円、人口1人当たり国民医療費　332,000 円］

注：1) 括弧なし数値は推計額（単位：億円）、括弧内の数値は構成割合（単位：%）である。
　　2) 制度区分別国民医療費は平成 25 年度内の診療についての支払確定額を積み上げたものである（ただし、患者等負担分は推計値である）。
出所：厚生労働省「平成 28 年度 国民医療費の概況」（平成 30 年 9 月 21 日）

▶図C：医療費の動向

○国民医療費は、一貫して増加。
○1990年度から2000年度までの10年間で約10兆円の増加
（20.6兆円→30.1兆円）。
○さらに、2000年度から2010年度までの10年間でも約7兆円もの増加
（30.1兆円→37.4兆円）。

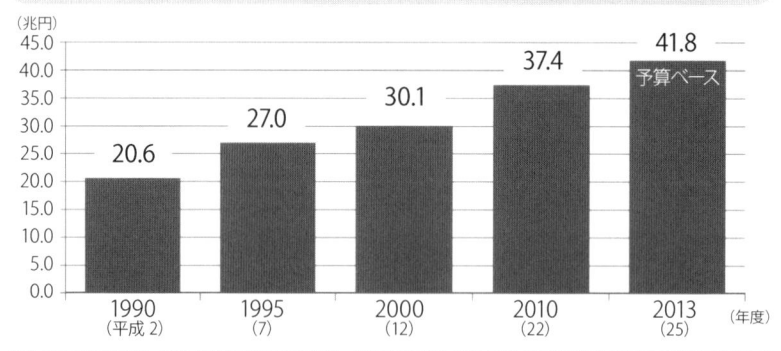

(注) 医療費の数値は、2010年度までは国民医療費、2011年度及び2012年度は概算医療費（審査支払機関で審査した医療費）であり、公費負担医療の合計である。
出所：内閣官房行政改革推進本部事務局資料（平成25年11月13日）

▶表D：診療種類別国民医療費

診 療 種 類	2016（平成28）年度		2015（平成27）年度		対 前 年 度	
	推計額（億円）	構成割合（%）	推計額（億円）	構成割合（%）	増減額（億円）	増減率（%）
国 民 医 療 費	421 381	100.0	423 644	100.0	△ 2 263	△ 0.5
医 科 診 療 医 療 費	301 853	71.6	300 461	70.9	1 392	0.5
入 院 医 療 費	157 933	37.5	155 752	36.8	2 181	1.4
病　　　　院	154 077	36.6	151 772	35.8	2 305	1.5
一 般 診 療 所	3 856	0.9	3 980	0.9	△ 124	△ 3.1
入 院 外 医 療 費	143 920	34.2	144 709	34.2	△ 789	△ 0.5
病　　　　院	60 589	14.4	60 088	14.2	501	0.8
一 般 診 療 所	83 332	19.8	84 622	20.0	△ 1 290	△ 1.5
歯 科 診 療 医 療 費	28 574	6.8	28 294	6.7	280	1.0
薬 局 調 剤 医 療 費	75 867	18.0	79 831	18.8	△ 3 964	△ 5.0
入院時食事・生活医療費	7 917	1.9	8 014	1.9	△ 97	△ 1.2
訪 問 看 護 医 療 費	1 742	0.4	1 485	0.4	257	17.3
療 養 費 等	5 427	1.3	5 558	1.3	△ 131	△ 2.4

出所：厚生労働省「平成28年度 国民医療費の概況」（平成30年9月21日）

▶図D：診療種類別国民医療費構成割合　2016（平成28）年度

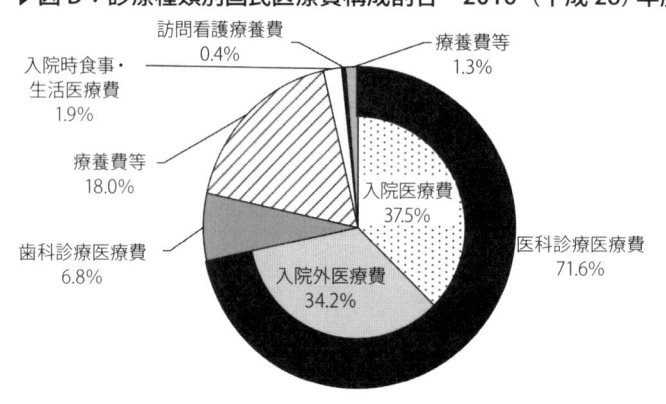

出所：厚生労働省「平成28年度 国民医療費の概況」（平成30年9月21日）

▶表E：財源別国民医療費

財 源	2013（平成 25）年度		2012（平成 24）年度		対 前 年 度	
	推計額 （億円）	構成割合 （%）	推計額 （億円）	構成割合 （%）	増減額 （億円）	増減率 （%）
国 民 医 療 費	421 381	100.0	423 644	100.0	△ 2 263	△ 0.5
公 費	162 840	38.6	164 715	38.9	△ 1 875	△ 1.1
国 庫 1)	107 180	25.4	108 699	25.7	△ 1 519	△ 1.4
地 方	55 659	13.2	56 016	13.2	△ 357	△ 0.6
保 険 料	206 971	49.1	206 746	48.8	225	0.1
事 業 主	87 783	20.8	87 299	20.6	484	0.6
被 保 険 者	119 189	28.3	119 447	28.2	△ 258	△ 0.2
そ の 他 2)	51 570	12.2	52 183	12.3	△ 613	△ 1.2
患者負担（再掲）	48 603	11.5	49 161	11.6	△ 558	△ 1.1

注：1) 軽減特例措置は、国庫に含む。
　　2) 患者負担及び原因者負担（公害健康被害の補償等に関する法律及び健康被害救済制度による救済給付等）である。
出所：厚生労働省「平成 28 年度 国民医療費の概況」（平成 30 年 9 月 21 日）

③医療費財源の確保

　これまで、歳出の無駄の削減等による医療費財源の捻出が企図されてきたが、十分な財源確保には至っておらず、新たな財源確保の方策として高額療養費制度の見直しや患者窓口負担の引き上げなど様々な選択肢が議論されている。しかし、患者窓口負担の引き上げは、受診抑制を招くことによって重症化患者が増え、結果的に医療費の増大につながり、長期的に見ると財政を圧迫する可能性なども指摘されている。また、保険料率の引き上げは保険料の増収は見込めるものの、被保険者や事業主への負担が大きくなるため勤労者の可処分所得が減少し、消費抑制など景気後退に繋がりかねないなどの意見がみられる。

　避けることのできない少子高齢化の流れの中で、年金・医療・介護など社会保障の各制度を維持し、かつ少子化対策を効率的に行うための財源として、2014 年 4 月より消費税率が 5%から 8% に引き上げられた。さらに 2019 年 10 月には 10%に引き上げられる予定である。景気動向は社会保険の保険料収入や税収に影響を与えるため、消費税率引上げによる景気への影響を注視しつつ社会保障をめぐる社会経済的な環境を整備する中で、医療費財源の確保を図る必要がある。

④医療費の増加因子

　医療費の増加は主に高齢化と医療の進歩に起因する。2016 年度には後期高齢者（75 歳以上）1 人当たり医療費は 90 万 9,600 円となり、高齢化による医療費の増加は特に著しい。2010 年と比較

して 2025 年は 65 歳以上の人口は後期高齢者を中心に 25 ％増加し、高齢者（65 歳以上）1 人に対して生産年齢人口（15 〜 64 歳）は 2.8 人から 1.9 人に減少するため、高齢者の医療費を 1 人の現役世代（生産年齢該当世代）が負担する割合の増加はより顕著となる。高齢者の自己負担割合や保険料を応分の負担まで引き上げることは不可能であり、高齢者の医療費の著しい増加傾向を考えると、現役世代の負担増加を緩和するために、公的医療保険制度の給付範囲を見直す必要があるという意見もみられる。

●公費負担割合

　「社会保障と税の一体改革」は、現役世代の負担となる保険料の引き上げを避け、医療費の公費負担割合の引き上げ（消費税の増税分を主な財源とする）を方針をとしているが、消費税の 5 ％増税（2014 年 4 月：5 → 8 ％増税済み、2019 年 10 月：8 ％→ 10 ％増税）では高齢化に伴う医療費の増加分だけで消費税増税分が消費されてしまい、全体の社会保障給付費増加に対応できないとの意見もみられる。また社会保障給付費の増加が要因の一つと考えられる財政赤字の進展に伴い、財政再建に消費税の増収分が使われる可能性も示唆されている。「風が吹けば桶屋が儲かる」的な使われ方ではなく、消費税増税による増収分が社会保障の各制度の維持と少子化対策の財源のみに直接使われるよう注視する必要がある。また経済の低成長、少子高齢化、過剰債務（財政赤字）というわが国のおかれている状況が、公的医療保険制度を含む社会保障制度の持続を困難にしている現実を、国が具体的に発信し、国民が現状と将来を正しく理解したうえで、負担と給付のあり方についての国民的合意を形成することが喫緊の課題である。

⑤医療費適正化計画（p.47 参照）

　医療費の伸びを抑えるため、2006 年の医療制度改革において、2008 年 4 月から国と都道府県が「高齢者の医療の確保に関する法律」に基づき医療費を適正化する 5 カ年計画を策定することとされた。具体的には、糖尿病など生活習慣病の予防を地域で進め 25 ％削減、病院の平均在院日数を全国平均（36 日）と最短の長野県（27 日）の差を半分に縮小、などを実施する。計画は国が基本方針を示し、これを受け都道府県は具体的な「医療費適正化計画」をつくり、PDCA サイクルにより 5 年を 1 期として実績を評価し、

●医療費適正化計画

目安となる目標が実現しなかった場合は次の計画に反映させるなどの取り組みが実施されている。

⑥地域医療構想（ビジョン）

都道府県は医療費適正化計画のほか、医療計画（医療法）、地域における医療および介護の総合的な確保のための事業の実施に関する計画（医療介護総合確保推進法）、介護保険事業支援計画（介護保険法）などにあわせ地域医療構想（ビジョン）を策定することとされている。

●地域医療構想(ビジョン)

地域医療構想とは、2025年の医療提供体制のあり方を定めるもので、各都道府県は2015年4月以降、医療需要、目指すべき医療提供体制（必要病床数等）とそれを実現するための施策などを地域医療構想調整会議（医師会、歯科医師会、薬剤師会、医療保険者、市町村などで構成）を設置し策定することとなった。

●地域医療構想調整会議

（2）介護の財源

①介護費の動向

社会全体で高齢者を支える仕組みである介護保険制度は2000年に開始され、介護費用（給付費）は、2000年の3.6兆円から年々増加し、2016年度には10兆円に膨れ上がり、介護保険料も全国平均で2,911円から5,869円に上昇している。介護保険料は3年に1度、見直しを行うこととされている。

②介護費用の財源

介護費用総額は、公費（国、都道府県、市町村の財政負担）と保険料（65歳以上の第1号被保険者、40歳以上65歳未満の医療保険加入者の第2号被保険者が負担）と利用者負担で構成されている。利用者負担は介護保険サービス利用時に、市町村民税非課税世帯は1割、一定の所得がある場合は2割、現役並みの所得がある場合は3割で、残りの9割〜7割が保険料と公費で賄われる。介護保険の公費の財源構成割合は、国25％（調整交付金5％を含む）、都道府県12.5％、保険料50％と介護保険法で定められており定率負担となっている。

▶介護給付と保険料の推移

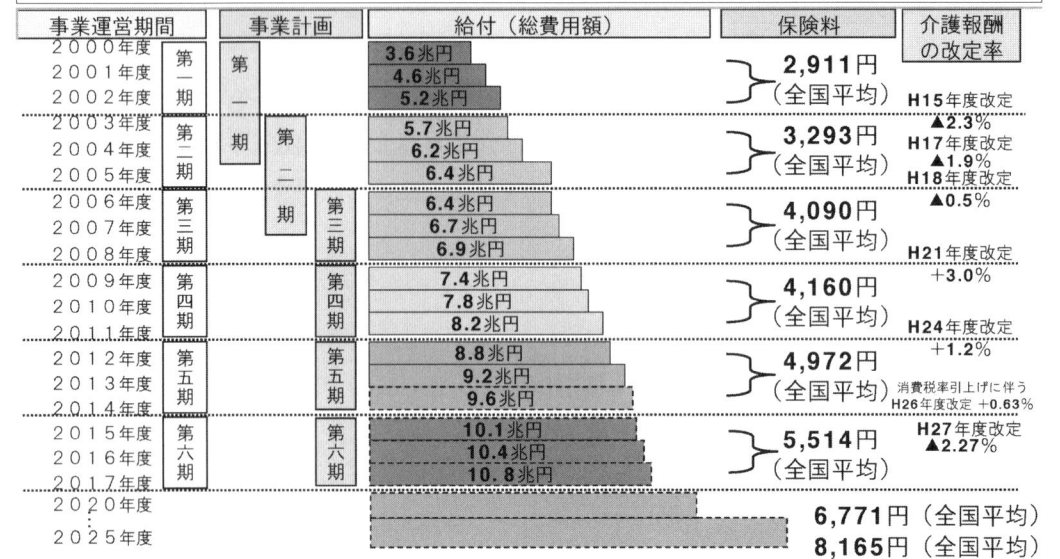

※ 2014年度までは実績であり、2015〜2017年度は当初予算である。
※ 2020年度および2025年度の保険料は全国の保険者が作成した第6期介護保険事業計画における推計値。
(注) 2017年度においては、第7期の30年度介護報酬改定に先立ち＋1.14%の改定（処遇改善）を実施。
出所：第23回社会保障ワーキング・グループ　財務省提出資料（平成29年11月8日）

▶介護保険財政の全体像（2018年度予算ベース）

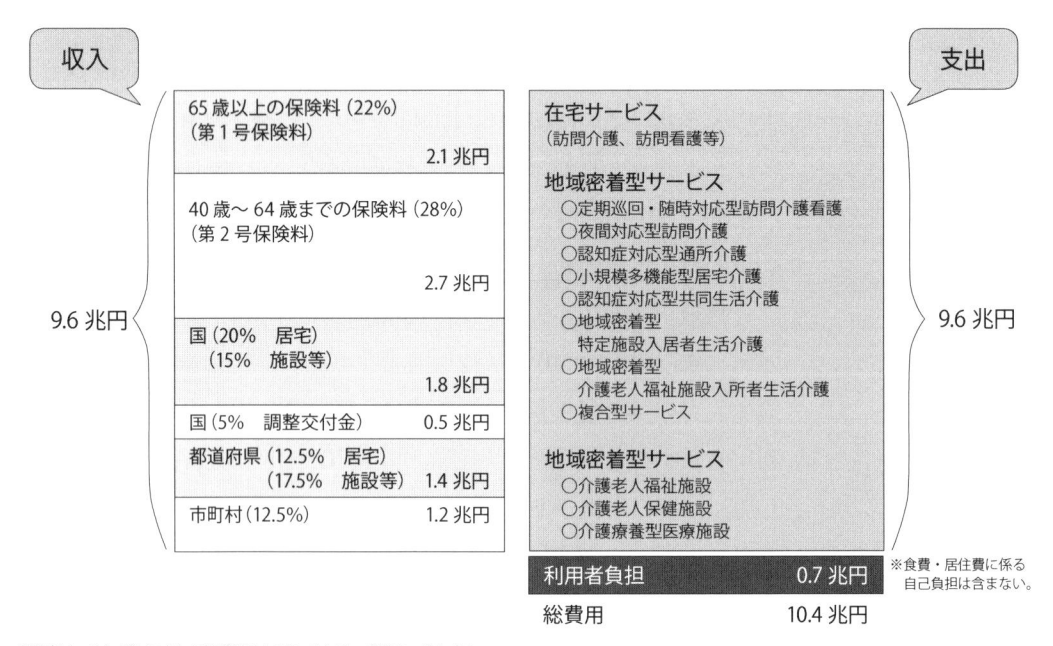

※数字は、それぞれにおいて四捨五入しているため、合計に一致しない。
※第1号保険料は、2016（平成28）年度の給付費に充てられる額を計上。
※第2号保険料（介護納付金）は、この他に精算分として、▲450億円（国庫負担（再掲）▲376億円、都道府県負担（再掲）▲75億円）がある。

出所：厚生労働省老健局総務課「公的介護保険制度の現状と今後の役割　平成27年度」

③調整交付金制度

　調整交付金とは、介護保険を運営する各市町村の保険料が、要介護認定者の割合が高い後期高齢者の割合や第1号被保険者の所得の分布状況により各市町村で介護保険料にばらつきが生じるのを補正するために、後期高齢者が少なく低所得高齢者も少ない市町村には支給せず、反対に、後期高齢者が多く低所得者が多い市町村に対し国が交付する制度。

7　社会保険（社会保障制度の中核的役割）

（1）医療保険

（2）介護保険

（3）年金保険

（4）労働者災害補償保険

（5）雇用保険

◆保険（insurance）システムの基本的考え方

　不確実な事故の発生を予想して、これに伴う各個人の損失の危険（risk）をプールし、集団的に危険負担を行うシステム

＜レクシスの法則＞（給付・反対給付均等の法則）

$$P = W \times Z$$

P	保険料
W	事故発生の確率
Z	保険金

◆持続可能な社会保障制度への課題

　通常、保険システムはレクシスの法則に従い、事故発生率が高いほど保険料は高くなる。保険金に事故発生率を掛けた数値以下の保険料では保険システムは赤字となり、システムが機能することはできない。わが国の社会保険においては公的な資金（税金）がシステム維持のために投下されているため、＜レクシスの法則＞には則していない。

　わが国の社会保険が純粋な保険理論に裏打ちされた制度でないこ

とが、逆に公的な資金（税金）の注入を助長する傾向を招き、財政上の足枷となる事態が続いている。わが国の少子高齢化の現実と社会保障費の資源配分構造の変化を考えると、将来にわたって持続できる社会保障制度（体系）を構築することが重要課題であることは明らかである。その上でも純粋に保険的方法でまかなえる社会保障と、直接の公の負担によりまかなう社会保障を明確に区分し再構築して、費用効率（cost effectiveness）を高めていくことが必要となる。

8　社会保障制度に関わる国家資格等専門職

（1）医療系

①医師：医療および保健指導を行う。

②歯科医師：歯科医療および保健指導を行う。

③薬剤師：調剤、医薬品の提供、薬事衛生を行う。

④保健師：保健師の名称を用いて保健指導を行う。

⑤助産師：助産、妊婦・新生児の保健指導を行う。

⑥看護師：傷病者等に対する療養上の世話や診療の補助を行う。

＊「特定行為（診療の補助であって、看護師が手順書により行う場合には、高度かつ専門的な知識および技能等が特に必要な行為として厚生労働省令で定めるものをいう。）を手順書により行う看護師は、厚生労働大臣が指定する研修機関において、一定の基準に適合する研修を受けなければならない」とすることが追加。（「保健師助産師看護師法」の一部改正・2015 年 10 月 1 日施行）

⑦准看護師：（知事免許）医師・歯科医師・看護師の指示のもとに療養の世話、診療の補助を行う。

⑧救急救命士：医師の指示の下に救急救命措置を行う。

⑨理学療法士：身体に障害のある者に対して、主としてその基本動作能力の回復を図る訓練を行う。

⑩作業療法士：身体または精神に障害のある者に対し、主としてその応用的動作能力または社会適応能力の回復を図る訓練を行う。

⑪言語聴覚士：音声機能、言語機能または聴覚に障害のある者に、機能の維持向上を図るために言語訓練やその他の訓練を

行う。

⑫視能訓練士：両眼視機能に障害のある者に対し、その両眼視力の回復のための矯正訓練およびこれに必要な検査を行う。

⑬義肢装具士：義肢および装具の装着部位の採型、義肢・装具の製作、身体への適合を行う。

⑭臨床工学技士：医師の指示の下に行われる救急救命措置を補助する生命維持装置の操作および保守点検を行う。

⑮診療放射線技師：医師または歯科医師の指示の下に放射線を人体に照射する。

＊診療放射線技師が診療の補助として医師の指示を受けて行う業務の範囲に、CT・MRI 検査時の造影剤の血管内投与、投与後の抜針・止血、下部消化管検査時などの肛門からのカテーテルの挿入などが追加された。

＊健康診断として胸部エックス線撮影のみを行う場合に限り、医師・歯科医師の立会いを求めない。

＊核医学診断装置を診療放射線技師の業務に明記、ほか
（「診療放射線技師法」一部改正・2015 年 4 月 1 日施行）

⑯臨床検査技師：微生物学的検査・血清学的検査・血液学的検査・病理学的検査などの検査を行う。

＊業務に「検体の採取を行うこと」を追加（「臨床検査技師等に関する法律」一部改正・2015 年 4 月 1 日施行）

⑰歯科衛生士：歯および口腔の疾病の予防措置、歯科保健指導を行う。

＊歯科衛生士の行う予防処置について「歯科医師の直接の指導の下」でなくても、「歯科医師との緊密な連携を図ったうえであれば実施することできる」などの変更
（「歯科衛生士法」一部改正・2015 年 4 月 1 日施行）

⑱歯科技工士：歯科医療用の補綴物、矯正装置の作製、修理などを行う。

＊歯科技工士国家試験の実施主体を都道府県知事から厚生労働大臣に変更（「歯科技工士法」一部改正・2015 年 4 月 1 日施行）

⑲管理栄養士：療養上、高度の専門的知識を必要とする健康の保持増進のための栄養指導などを行う。

⑳栄養士：（知事免許）栄養の指導、給食の管理を行う。

㉑臨床心理士：（国家資格ではない）臨床心理学など心理学の知識や諸技法を生かして、心理学的な支援を行う。

㉒診療情報管理士：（国家資格ではない）

（2）福祉系　＊①②③：三福祉士

①社会福祉士：福祉に関する相談、助言、指導や関係者との連絡・調整などを行う。

②精神保健福祉士：精神障害者の社会復帰に関する相談・助言・指導、日常生活への適応のために必要な訓練などを行う。

③介護福祉士：心身の状況に応じた介護や介護に関する指導を行う。
＊2017年度から、養成施設ルートが国家試験の受験資格に加えられた。なお、2021年度までに養成施設を卒業した者は、卒後5年間は国試を受けなくても（合格しなくても）介護福祉士になることができる。

④保育士：児童の保育、保護者に対する保育指導などを行う。

⑤介護支援専門員（ケアマネジャー）：（国家資格ではない）「居宅介護支援事業所」「介護保険施設」などに配置され、ケアプラン作成や介護全般に関する相談援助、関係機関との連絡調整などを行う。介護支援専門員証の有効期間は5年で、申請により更新する。2006（平成18）年度から、他の介護支援専門員の支援などを行う主任介護支援専門員が追加された。

⑥訪問介護員（ホームヘルパー）：（研修修了者）訪問介護サービス（介護予防訪問介護を含む）に従事する。
＊介護保険における訪問介護サービス（介護予防訪問介護を含む）に従事するには介護福祉士または介護職員初任者研修・実務者研修を修了している必要がある。

補足1：（1）医療系の⑥「保健師助産師看護師法」の一部改正、⑭「診療放射線技師法」一部改正、⑮「臨床検査技師等に関する法律」一部改正、⑯「歯科衛生士法」一部改正、⑰「歯科技工士法」一部改正は「地域における医療及び介護の総合的な確保を推進するための関係法律の整備等に関する法律」＜医療介護総合確保推進法＞が2014年6月18日に成立し、同年6月25日に公布・施行されたことに伴い2015年4月1日に施行された。

補足2：「地域における医療及び介護の総合的な確保を推進するための関係法律の整備等に関する法律」＜医療介護総合確保推進法＞については第4章日本の社会保障制度各論1．社会保険【2】介護保険（11）で記載。

第 3 章

日本の医療保障制度

1 世界の医療保障の方法

● NHS
(1) NHS（National Health Service）方式（国営医療方式）：イ
ギリスなど

NHS が個人医や公私立の病院から 1 年分の医療サービスを一
括購入し、それを住民に無償ないし安価に配分する方法。

● GP
○住民は、GP（General Practitioner：家庭医＝かかりつけ医）
を選択する形で NHS に登録することにより、市場よりはるか
に安価に医療サービスを需要できるので、結果的に NHS に登
録した患者以外の患者はほとんど存在しない需要独占の状態を
作り出している。

○登録住民数により GP の報酬を比例させている。

● 社会保険方式
(2) 社会保険方式：日本、ドイツ、フランスなど

政府が医療保険を公的に組織し、国民に強制的に供給する。国
民は市場よりはるかに安価に医療サービスを需要できる。

＊日本の医療保障は社会保険方式の医療保険（⇒中核をなす）
と生活保護における医療扶助および公費負担医療で提供され
ている。

◆ NHS との違い

①自己負担額が治療費の一定割合に設定されているのでシャ
ドープライス（擬似価格）が存在し、市場原理が働く。

②1 年間に購入する医療サービスの金額（予算額）を決めてい
ない。

③保険料を滞納した者の利用が排除される。

● 民間保険購入組合方式
(3) 民間保険購入組合方式：アメリカ

医療機関だけでなく、すでに医療保険も民間供給が主体となっ
ているアメリカでは、民間医療保険を購入するための協同組合
（Insurance Pool）を政府が設立して一括購入し、住民はその民
間保険（HMO、PPO など）を使って、市場より安価に医療サー
ビスを需要する方法。

＊ HMO：Health Maintenance Organization

＊ PPO：Preferred Provider Organization

● メディケア
＊アメリカにはメディケア（Medicare：65 歳以上の高齢者に対
● メディケイド
する医療保険制度）・メディケイド（Medicaid：低所得者医療

扶助制度⇒メディケアに加入できない人が対象)などの高齢者・低所得者向けの制度も存在する。

●患者保護と適正なケア法

＊「患者保護と適正なケア法（PACA：The Patient and Affordable Care Act」（医療ケアと健康保険産業の両方を改革するアメリカの連邦法）により 2014 年 5 月 1 日から、特別な例外を除くすべてのアメリカ人は、何らかの健康保険に入らなければならなくなった（健康保険に入らない場合は「罰金（penalty, fine）」を徴収される）。

2 わが国の医療保障制度の理念

<u>国民の疾病による生活破綻を防ぐ。</u>

➡ わが国は「だれでも必要なときに必要な医療サービスが受けられる」という医療保障を<u>公的医療保険制度と公費負担医療</u>の仕組みによって実現している。

●国民皆保険

●自由開業医制

●フリーアクセス

＊わが国の医療保障制度は「国民皆保険」「自由開業医制」「フリーアクセス」という特徴的な 3 つの仕組みを堅持しながら制度理念の実現が図られている。

3 わが国の医療保障制度の概要

●公的医療保険

（1）社会保険方式による<u>公的医療保険制度</u>で提供される医療

①被用者保険（一般被用者・特定被用者）

②国民健康保険（国民健康保険組合・市町村国民健康保険・被用者保険の退職者保険）

③長寿医療制度（後期高齢者医療制度）

（2）公費で負担する医療

●医療扶助

1）生活保護制度（公的扶助）により提供される医療（**医療扶助**）

2）法律の規定ないし政府および地方自治体で予算化された事業として提供される**公費負担医療**

●公費負担医療

▶医療関連制度のまとめ

医療保険制度
（国民皆保険制度）

| 被用者保険 | 国民健康保険 | 後期高齢者医療制度 |

療養の給付

生活保護制度

医療扶助

＊国民健康保険と後期高齢者医療負担免除

公費負担医療

①感染症の予防及び感染症の患者に対する医療に関する法律
〈新感染症　1、2類感染症　結核患者の適正医療　結核患者の入院勧告（入院措置）など〉
②児童福祉法〈療育の給付〉
③障害者総合支援法〈更生医療　育成医療　精神通院医療〉
④指定難病に対する医療費助成
⑤先天性血液凝固因子障害等治療研究事業
⑥小児慢性特定疾病対策
⑦母子保健法（養育医療）　他

4　医療保険

（1）被用者保険　※根拠法律：「健康保険法」等

●一般被用者保険　　　1）一般被用者保険⇒健康保険

（ⅰ）全国健康保険協会管掌健康保険（全国健康保険協会）

（ⅱ）組合管掌健康保険（健康保険組合）

（ⅲ）日雇特例被保険者保険（全国健康保険協会）⇒健康保険法第3条第2項の被保険者

●特定被用者保険　　　2）特定被用者保険

①共済組合保険　※根拠法律：「国家公務員等共済組合保険法」などそれぞれの「共済組合保険法」

（ⅰ）国家公務員共済

（ⅱ）地方公務員等共済

（ⅲ）私立学校教職員共済

②船員保険（全国健康保険協会）※根拠法律：「船員保険法」

●国民健康保険　　　（2）国民健康保険　※根拠法律：「国民健康保険法」

1）国民健康保険組合（自営業者国民健康保険組合）

2) 市町村国民健康保険（市町村）

3) 被用者保険の退職者保険（市町村）

> ＊ (1)の被用者保険と(2)の1) 自営業者の国民健康保険までを職域保険、
> (2) の2) 市町村国民健康保険、③退職者保険を地域保険と分類する
> こともある。

●後期高齢者医療制度
（長寿医療制度）

(3) 長寿医療制度（後期高齢者医療制度）

※根拠法律：「高齢者の医療の確保に関する法律」

運営主体⇒後期高齢者医療広域連合

5　公費で負担する医療

(1) 生活保護制度（公的扶助）により提供される医療（**医療扶助**）

(2)「法律の規定」や「政府および地方自治体で予算化された事業」として提供される**公費負担医療**

◆医療供給一般

感染症の予防及び感染症の患者に対する医療に関する法律（感染症法）、母子保健法（養育医療）、児童福祉法（療育の給付）、精神保健及び精神障害者福祉に関する法律、障害者総合支援法（精神通院医療、更生医療、育成医療）、精神保健及び精神障害者福祉に関する法律、身体障害者福祉法（更生医療）、知的障害者福祉法、学校保健安全法、戦傷病者特別援護法、原子爆弾被爆者に対する援護に関する法律（被爆者援護法）、肝炎治療特別促進事業、小児慢性特定疾病対策、指定難病に対する医療費助成、先天性血液凝固因子障害等治療研究事業など

◇予防

感染症の予防及び感染症の患者に対する医療に関する法律（感染症法）、予防接種法、検疫法、地域保健法、健康増進法、母子保健法、歯科口腔保健の推進に関する法律など

6 医療提供施設

（1）医療施設の分類

●診療所

①診療所：医師または歯科医師が、公衆または特定多数人のため医業または歯科医業を行う場所で、入院施設を有しないもの、または 19 人以下の入院施設を有するもの

●病院

●精神病床

●感染症病床

●結核病床

●療養病床

●一般病床

②病院：医師または歯科医師が、公衆または特定多数人のため医業または歯科医業を行う場所であって、20 人以上の患者を入院させるための施設を有するもの

◆病床の種類

ⅰ）精神病床　ⅱ）感染症病床　ⅲ）結核病床

ⅳ）療養病床　ⅴ）一般病床

▶医療施設の分類

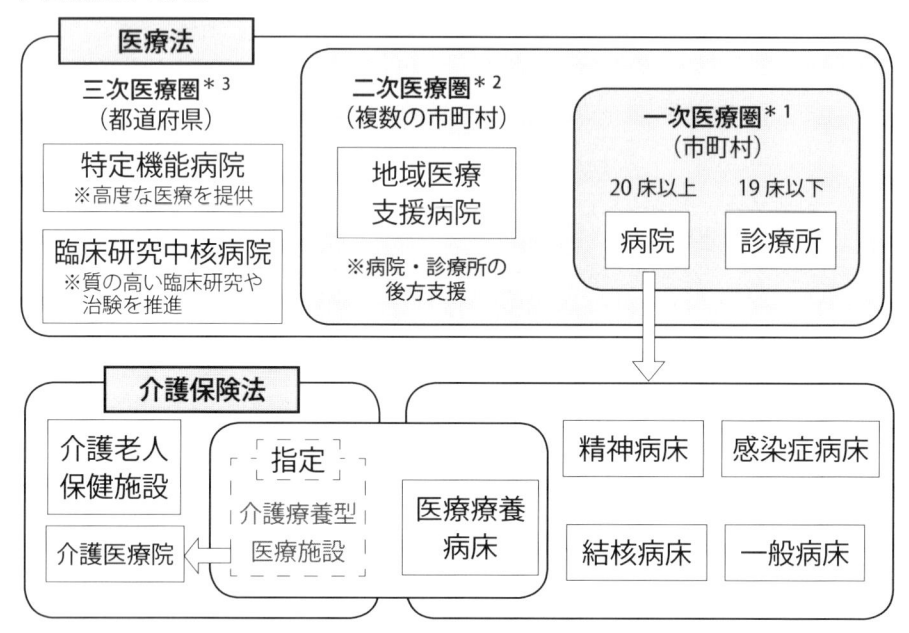

●介護医療院

注1　医療圏：地域の医療需要に対応して包括的な医療を提供していくための区分
　　＊1　一次医療圏：日常生活に密着した保健・医療を提供する、初期的な診療や治療を担う医療圏（基本的に市町村単位）
　　＊2　二次医療圏：一般的な保健・医療を提供する、健康増進・疾病予防から入院治療などを担う医療圏（複数の市町村）
　　＊3　三次医療圏：先進的技術を必要とする特殊な高度医療の提供を担う医療圏（基本的に都道府県単位、北海道のみ 6 医療圏）
注2　第 6 次医療法改正を受け、「臨床研究中核病院」が医療法上に位置づけられた。
注3　保健所、市町村保健センターは医療提供施設ではないが、地域保健法で規定している。
注4　介護療養病床は 2023 年度末で廃止。
注5　介護医療院は、地域包括ケアシステムの強化のための介護保険法等の一部を改正する法律（地域包括ケア強化法、2017 年法律第 52 号）に基づき創設された。

●特定機能病院　③特定機能病院

＊高度先進医療を必要とする患者に対応する病院として厚生労働大臣の承認を受けた病院。

＊病床数 400 床以上、16 の診療科があることなどを条件としている。

＊大学病院本院、国立がんセンター、国立循環器病センターなどが承認されている。

＊85 病院（2018 年 12 月 1 日現在）

〔特定機能病院の承認要件〕
○ 高度の医療の提供、開発および評価、ならびに研修を実施する能力を有すること
○ 他の病院または診療所から紹介された患者に対し、医療を提供すること（紹介率 50% 以上、逆紹介率 40% 以上）
○ 病床数・・400 床以上の病床を有することが必要
○ 人員配置
・医 師・・・・通常の 2 倍程度の配置が最低基準。医師の配置基準の半数以上がいずれかの専門医
・薬剤師・・・・入院患者数÷ 30 が最低基準。（一般は入院患者数÷ 70）
・看護師等・・入院患者数÷ 2 が最低基準。（一般は入院患者数÷ 3）
・管理栄養士 1 人以上配置
○ 構造設備・・・・集中治療室、無菌病室、医薬品情報管理室が必要
○ 医療安全管理体制の整備
・医療安全管理責任者の配置
・専従の医師、薬剤師および看護師の医療安全管理部門への配置
・監査委員会による外部監査・高難度新規医療技術および未承認新規医薬品等を用いた医療の提供の適否を決定する部門の設置
○ 原則定められた 16 の診療科を標榜していること　○ 査読のある雑誌に掲載された英語論文数が年 70 件以上あること 等　○高度の医療の提供　○高度の医療技術の開発・評価　○高度の医療に関する研修
○高度な医療安全管理体制
　※ がん等の特定の領域に対応する特定機能病院は、診療科の標榜、紹介率・逆紹介率等について、別途、承認要件を設定。

●臨床研究中核病院　④臨床研究中核病院

＊特定臨床研究に関する計画立案・実施能力

＊他の病院・診療所と共同で行う場合は実施の主導的役割を果たす能力

＊実施に関する相談に応じ、必要な情報の提供、助言等を行う能力

＊研修能力

＊省令で定める診療科名のうち 10 以上を有する

＊ 400 床以上の病床

＊臨床研究に携わる 5 人以上（常勤換算）の医師・歯科医師、10 人以上の薬剤師、15 人以上の看護師、12 人以上の臨床研

究コーディネーター、3人以上のデータマネージャー、2人以上の生物統計家、1人以上の薬事審査関連業務経験者を有する

＊技術能力の外部評価を受けた臨床検査室　その他

●地域医療支援病院

⑤地域医療支援病院

＊地域の病院・診療所を後方支援する役割などを担う病院として都道府県知事の承認を受ける。

＊「紹介患者中心の医療を提供」「医療機器の共同利用」「救急医療の提供」「地域の医療従事者に対する研修」「原則200床以上の病床」があることなどを条件としている。

●介護老人保健施設

⑥介護老人保健施設

＊要介護者に対し施設サービス計画に基づいて看護・医学的管理下における介護および機能訓練（リハビリテーション）などを行う施設。

●薬局

⑦薬局

●医薬品医療機器等法

＊医薬品医療機器等法[1]の規定により、薬剤師が販売または授与の目的で調剤の業務を行う場所。

※1「医薬品、医療機器等の品質、有効性及び安全性の確保等に関する法律」

（2）医療提供施設と高齢者関連施設との関係

※介護老人福祉施設・特定施設入居者生活介護のうち定員29人以下は地域密着型

▶医療提供施設と高齢者施設の関係

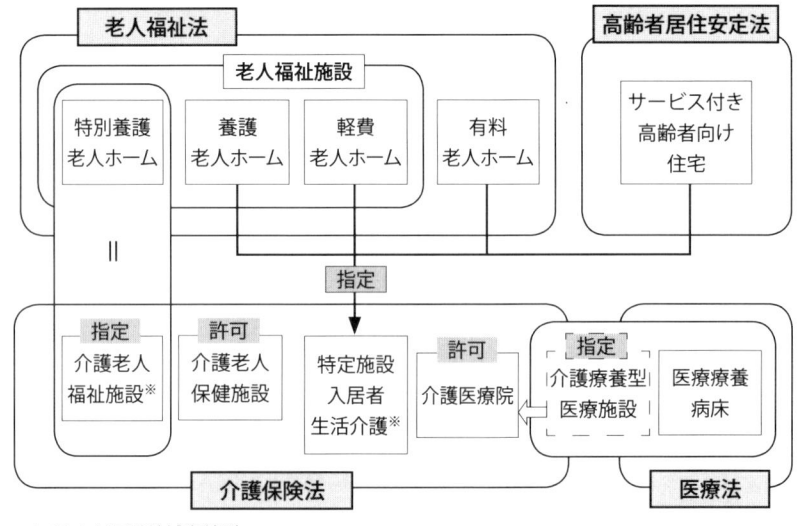

※29人以下は地域密着型

7 医療関連の行政計画（実施は都道府県）

＊それぞれの計画が調和をもって実施

● 医療計画　　　　　　　　(1) 医療計画：5 年を 1 期とした医療を提供する体制の確保に関する計画 …………………………………………（根拠法：医療法）

● 医療介護総合確保推進法　「地域における医療及び介護の総合的な確保を推進するための関係法律の整備等に関する法律」（医療介護総合確保推進法、2014 年 6 月 18 日成立）に伴い、2018（平成 30）年以降、医療計画と

● 介護保険事業支援計画　介護保険事業支援計画の見直しサイクルを一致させ、より一層の医療介護連携の推進が図られることとなった。⇒医療法の改正により医療計画は 6 年ごとの見直しに変更、介護と連携の深い在宅医療などの見直しは中間年に見直し、3 年サイクルとなる。

● 地域医療構想（ビジョン）　(2) 地域医療構想（ビジョン）………………（根拠法：医療法）

医療介護総合確保推進法により、都道府県は 2025 年に向けて、病床機能の分化・連携を進めるため、医療機能ごとに医療需要と病床必要量を推計し定める。

● 医療費適正化計画　　　(3) 医療費適正化計画：5 年を 1 期とした生活習慣病対策など医療費適正化のための計画

…………………（根拠法：高齢者の医療の確保に関する法律）

・作成主体：国・都道府県

・計画期間：5 年

（第 1 期：2008 〜 12 年度、第 2 期：2013 〜 17 年度）

・主な記載事項：

医療費の見通し（必須記載）

健康の保持の推進に関する目標・具体的な取組み（任意記載）

医療費の効率的な提供の推進に関する目標・具体的な取組み

（任意記載）

● 健康増進計画　　　　　(4) 健康増進計画：住民の健康の増進の推進に関する施策についての計画 ………………………………（根拠法：健康増進法）

---

8 地域における医療と介護の包括的な整備（地域包括ケアシステム）

● 地域包括ケアシステム　　急速に少子高齢化が進むわが国においては、医療と介護の在り方を包括的に考えることは避けて通ることができない問題となってい

る。とくに 2025 年には団塊の世代（戦後 1947 〜 49 年の第一次ベビーブーム期に生まれた人々で、約 800 万人いるとされる）が 75 歳以上の後期高齢者となり、医療や介護サービスの提供施設数や財政的問題を考えると厳しい状況が予想される。そのため、2014（平成 26）年 6 月 18 日に「地域における医療及び介護の総合的な確保を推進するための関係法律の整備等に関する法律」（医療介護総合確保推進法）が成立し、地域で医療と介護を包括的に提供する地域包括ケアシステムの構築を促進する取り組みが行われている。

補足：「地域における医療及び介護の総合的な確保を推進するための関係法律の整備等に関する法律」＜医療介護総合確保推進法＞については第 4 章日本の社会保障制度各論 1．社会保険【2】介護保険（11）で記載

▶地域包括ケアシステムのイメージ

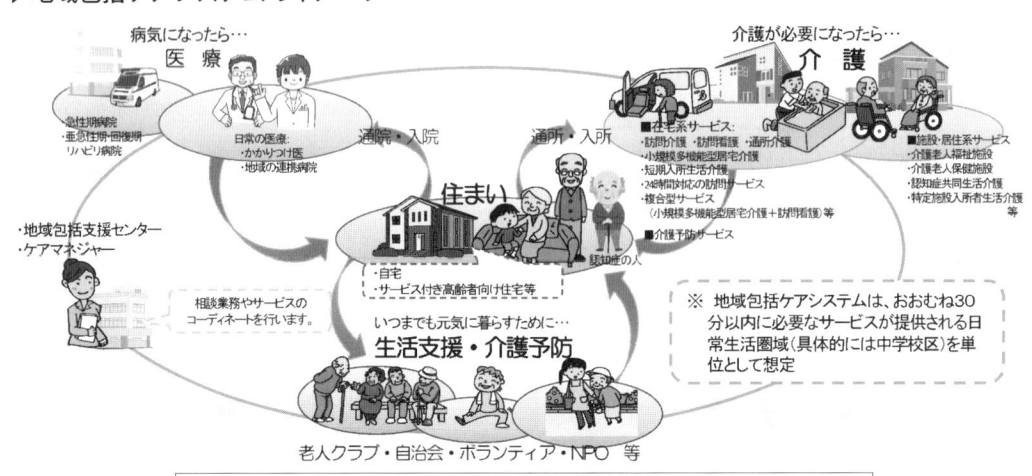

※地域包括ケアシステムは、人口 1 万人程度の中学校区を単位として想定

【地域包括ケアの 5 つの視点による取組み】
　地域包括ケアを実現するためには、次の 5 つの視点での取組みが包括的（利用者のニーズに応じた①〜⑤の適切な組み合わせによるサービス提供）、継続的（入院、退院、在宅復帰を通じて切れ目ないサービス提供）に行われることが必須。
①医療との連携強化
　・24 時間対応の在宅医療、訪問看護やリハビリテーションの充実強化
　・介護職員によるたんの吸引などの医療行為の実施
②介護サービスの充実強化
　・特養などの介護拠点の緊急整備（平成 21 年度補正予算：3 年間で 16 万人分確保）
　・24 時間対応の定期巡回・随時対応サービスの創設など在宅サービスの強化
③予防の推進
　・できる限り要介護状態とならないための予防の取組や自立支援型の介護の推進
④見守り、配食、買い物など、多様な生活支援サービスの確保や権利擁護など
　・一人暮らし、高齢夫婦のみ世帯の増加、認知症の増加を踏まえ、様々な生活支援（見守り、配食などの生活支援や財産管理などの権利擁護サービス）サービスを推進
⑤高齢期になっても住み続けることのできる高齢者住まいの整備（国交省と連携）
　・一定の基準を満たした有料老人ホームと高専賃を、サービス付高齢者住宅として高齢者住まい法に位置づけ

出所：厚生労働省保険局医療課：平成 26 年度診療報酬改定の概要（平成 26 年 3 月 5 日版）

▶社会保障・税一体改革関連の基本的な考え

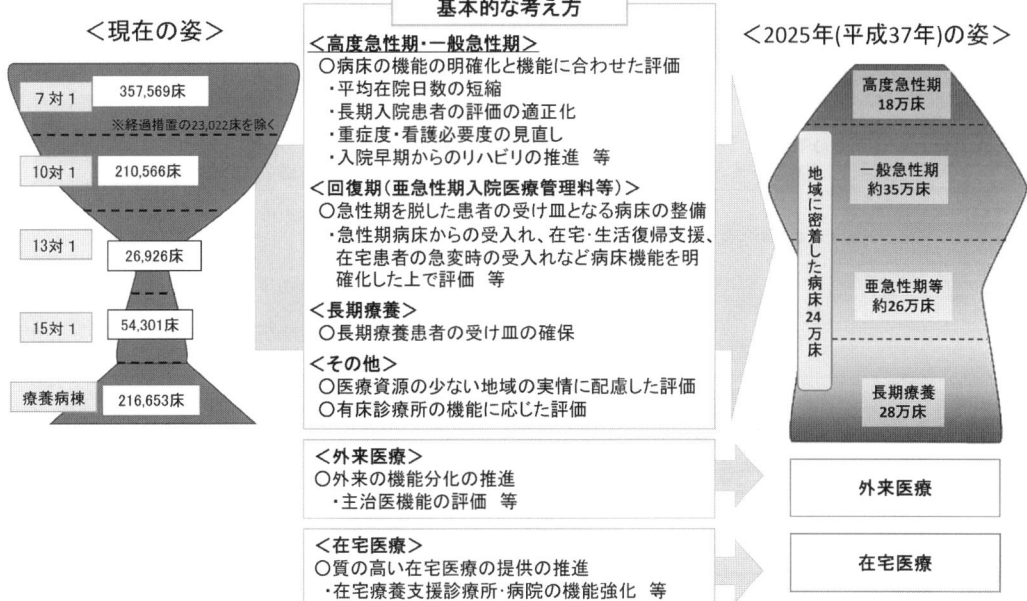

「次期診療報酬改定における社会保障・税一体改革関連の基本的な考え方」（概要）
（平成25年9月6日 社会保障審議会 医療保険部会・医療部会）

基本的な考え方

＜現在の姿＞

7対1	357,569床
10対1	210,566床
13対1	26,926床
15対1	54,301床
療養病棟	216,653床

※経過措置の23,022床を除く

＜高度急性期・一般急性期＞
○病床の機能の明確化と機能に合わせた評価
・平均在院日数の短縮
・長期入院患者の評価の適正化
・重症度・看護必要度の見直し
・入院早期からのリハビリの推進 等

＜回復期（亜急性期入院医療管理料等）＞
○急性期を脱した患者の受け皿となる病床の整備
・急性期病床からの受入れ、在宅・生活復帰支援、在宅患者の急変時の受入れなど病床機能を明確化した上で評価 等

＜長期療養＞
○長期療養患者の受け皿の確保

＜その他＞
○医療資源の少ない地域の実情に配慮した評価
○有床診療所の機能に応じた評価

＜外来医療＞
○外来の機能分化の推進
・主治医機能の評価 等

＜在宅医療＞
○質の高い在宅医療の提供の推進
・在宅療養支援診療所・病院の機能強化 等

＜2025年(平成37年)の姿＞

地域に密着した病床 24万床

| 高度急性期 18万床 |
| 一般急性期 約35万床 |
| 亜急性期等 約26万床 |
| 長期療養 28万床 |

| 外来医療 |
| 在宅医療 |

出所：厚生労働省保険局医療課：平成26年度診療報酬改定の概要（平成26年3月5日版）

▶病床の機能分化

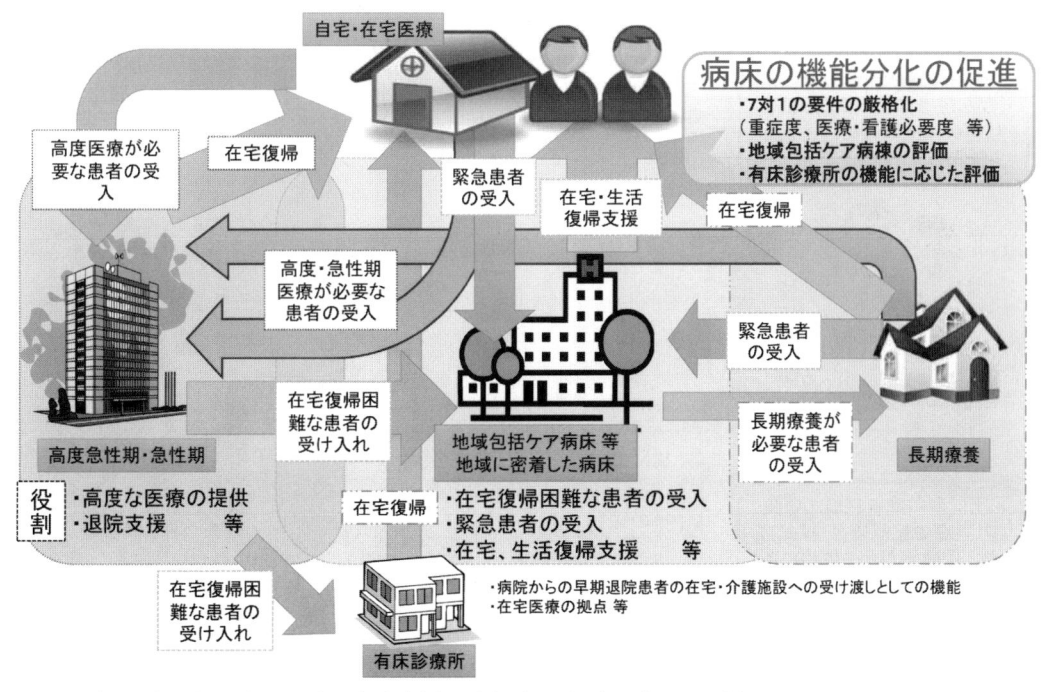

出所：厚生労働省保険局医療課：平成26年度診療報酬改定の概要（平成26年3月5日版）

▶ 2018（平成 30）年度診療報酬改定の概要（全体）

Ⅰ 地域包括ケアシステムの構築と医療機能の分化・強化、連携の推進

医科
1. 医療機能や患者の状態に応じた入院医療の評価
2. 外来医療の機能分化、かかりつけ医の機能の評価
3. 入退院支援の推進
4. 質の高い在宅医療・訪問看護の確保
5. 医療と介護の連携の推進

歯科
1. かかりつけ歯科医の機能の評価
2. 周術期等の口腔機能管理の推進
3. 質の高い在宅医療の確保

調剤
1. 地域医療に貢献する薬局の評価

Ⅱ 新しいニーズにも対応でき、安心・安全で納得できる質の高い医療の実現・充実

医科
1. 重点的な対応が求められる医療分野の充実
   1）小児医療、周産期医療、救急医療の充実
   2）緩和ケアを含む質の高いがん医療等の評価
   3）認知症の者に対する適切な医療の評価
   4）地域移行・地域生活支援の充実を含む質の高い精神医療の評価
   5）感染症対策や薬剤耐性対策、医療安全対策の推進
   6）適切な腎代替療法の推進
2. 先進的な医療技術の適切な評価と着実な導入
   1）遠隔診療の評価
   2）手術等医療技術の適切な評価

歯科
1. 口腔疾患の重症化予防、口腔機能低下への対応、生活の質に配慮した歯科医療の推進

調剤
1. 薬局における対人業務の評価の充実

Ⅲ 医療従事者の負担軽減、働き方改革の推進

1. チーム医療等の推進(業務の共同化、移管等)等の勤務環境の改善
2. 業務の効率化・合理化

Ⅳ 効率化・適正化を通じた制度の安定性・持続可能性の強化

1. 薬価制度の抜本改革の推進
2. 費用対効果の評価
3. 調剤報酬(いわゆる門前薬局等の評価)の見直し

出所：厚生労働省保険局医療課：平成 30 年度診療報酬改定の概要（平成 30 年 3 月 5 日版）

▶かかりつけ医機能評価の充実

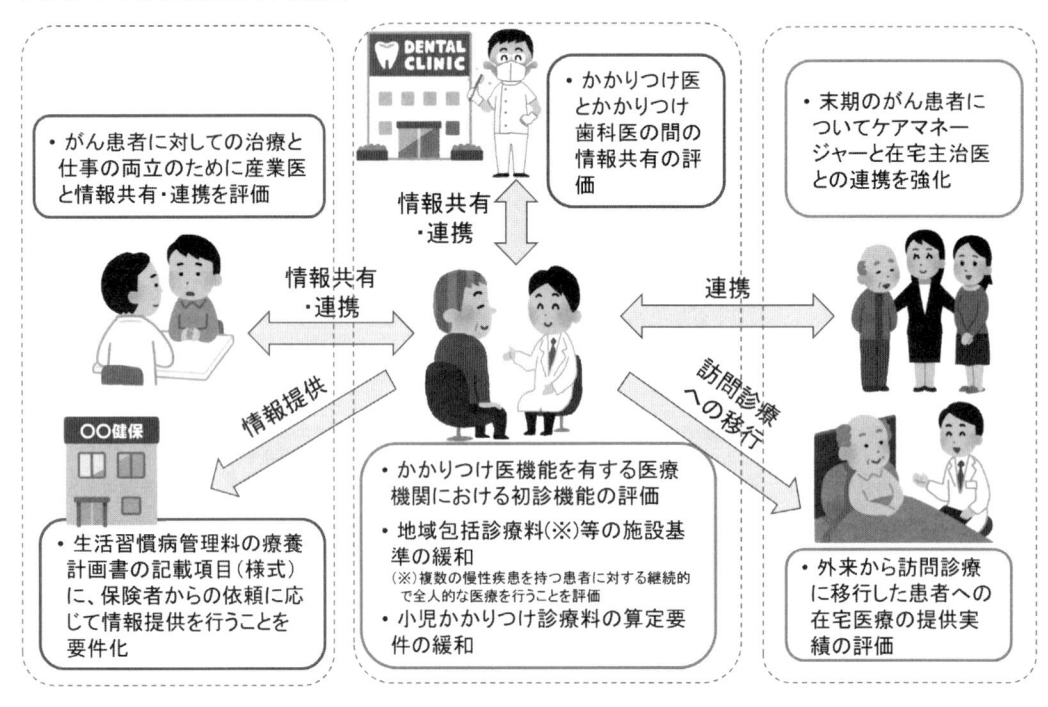

出所：厚生労働省保険局医療課：平成 30 年度診療報酬改定の概要（平成 30 年 3 月 5 日版）

▶医療と介護の連携の推進

国民の希望に応じた看取りの推進

➤ ターミナルケアに関する報酬において、「人生の最終段階における医療の決定プロセスに関するガイドライン」等を踏まえた対応を要件とするとともに、評価を充実

➤ 特別養護老人ホーム等の入所者に対する、ターミナルケアを含む訪問診療・訪問看護の提供等の評価を充実

訪問診療の主治医とケアマネジャーの連携強化

➤ 訪問診療を提供する主治医から居宅介護支援事業者への情報提供を推進

➤ 末期のがん患者について、主治医の助言を得ることを前提に、ケアマネジメントプロセスを簡素化するとともに、主治医に対する患者の心身の状況等の情報提供を推進

介護医療院・有床診地域包括ケアモデルへの対応

➤ 介護医療院について、在宅復帰・在宅移行に係る取組の評価において「居住系介護施設等」と同様の取扱いとし、退院時の情報提供等に係る取組の評価において「介護老人保健施設」と同様の取扱いとする

➤ 有床診療所の地域包括ケアモデル（医療・介護併用モデル）での運用を支援

リハビリテーションにおける医療介護連携の推進

➤ 医療保険と介護保険の双方で使用可能な計画書の共通様式を新設し、当該様式を用いて医療機関から介護保険のリハビリテーション事業所に情報提供した場合を評価

➤ 医療保険の疾患別リハビリテーションを担う医療機関において、介護保険の維持期・生活期のリハビリテーションを一貫してできるよう、人員配置等に係る施設基準を緩和

出所：厚生労働省保険局医療課：平成 30 年度診療報酬改定の概要（平成 30 年 3 月 5 日版）

▶ 2018（平成 30）年度診療報酬改定の概要（歯科）

かかりつけ歯科医の機能の見直し

➤ かかりつけ歯科医の機能として、継続的な管理による歯科疾患の重症化予防や地域連携の役割を明確化する観点から、かかりつけ歯科医機能強化型歯科診療所の施設基準の見直し

改定後
・歯周病安定期治療、エナメル質初期う蝕管理等について、過去1年間の算定回数の要件を追加 ・在宅歯科医療・介護に関する会議等への参加等、地域連携に関する実績を追加

周術期等の口腔機能管理の推進

➤ 周術期等の口腔機能管理の対象患者に脳卒中に対する手術を実施する患者等を追加するとともに、緊急手術により術後に管理を開始する場合の算定を明確化

➤ 放射線療法又は化学療法に対する口腔機能管理の充実

在宅歯科医療の推進

➤ 歯科訪問診療料の見直し
  - 切削器具の常時携行を歯科訪問診療の要件化
  - 診療時間20分未満の場合の算定方法の見直し
  - 外来から歯科訪問診療に移行した場合の評価の新設

➤ 地域で在宅歯科医療を担う医療機関としての役割を明確化する観点から、機能に応じた評価となるよう、在宅療養支援歯科診療所の施設基準を2区分に細分化

院内感染防止対策の推進

➤ 歯科医療機関における院内感染防止対策を推進する観点から、歯科初診料及び歯科再診料の引き上げと施設基準の新設

➤ 院内感染防止対策の施設基準の新設に伴う歯科外来診療環境体制加算の見直し

ライフステージに応じた口腔機能管理の推進

➤ う蝕や歯周病等の個別の疾患の管理だけではなく、咀嚼など機能に着目した継続的な口腔機能管理に関する評価を新設
  - 口腔機能の発達不全を認める小児に対する評価の新設
  - 口腔機能の低下を認める高齢者に対する評価の新設

➤ 客観的な評価に基づく口腔機能管理を推進する観点から、口腔機能評価に関する検査の新規導入
  - 咀嚼能力検査の新設
  - 咬合圧検査の新設

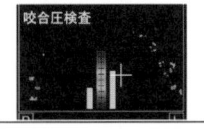

出所：厚生労働省保険局医療課：平成 30 年度診療報酬改定の概要（平成 30 年 3 月 5 日版）

9　医療法改正の流れと第 6 次医療法改正

●医療法改正

◆ 第 1 次医療法改正…1985（昭和 60）年成立・86（61）年施行

(1) 医療計画制度の導入

(2) 病院病床数の総量規制

(3) 医療資源の効率的活用

(4) 医療機関の機能分担と連携を促進

(5) 医療圏内の必要病床数を制限

◆第 2 次医療法改正…1992（平成 4）年成立・93（5）年施行

(1) 特定機能病院と療養型病床群制度の創設

(2) 看護と介護を明確にし、医療の類型化、在宅医療の推進

(3) 広告規制の緩和

◆第 3 次医療法改正…1997（平成 9）年成立・98（10）年施行

(1) 地域医療支援病院制度の創設

(2) 診療所における療養型病床群の設置

(3) 在宅における介護サービスの在り方

(4) 医療機関相互の機能分担

(5) インフォームド・コンセントの法制化

◆第 4 次医療法改正…2000（平成 12）年成立・01（13）年施行

(1) 一般病床と療養病床の区別

(2) 医療計画の見直し

(3) 適正な入院医療の確保

(4) 広告規制の緩和

(5) 医師の臨床研修必修化

◆第 5 次医療法改正…2006（平成 18）年成立・07（19）年施行

(1) 患者等への医療に関する情報提供の推進

1) 医療機能情報公表制度の創設　⇒　都道府県が主体

2) 入退院時の文書による説明を医療法上に位置づけ

⇒　医療法第 6 条の 4

(2) <u>医療計画の見直し等による医療機能の分化・連携の推進</u>

  1）地域連携パス等を通じ、医療機能の分化・連携を推進することで、患者に転院・退院後も考慮した切れ目のない医療を提供し早期に在宅生活に復帰できるようにする。

● 地域連携クリティカル
　パス

　　○地域連携クリティカルパス

　　　⇒急性期病院から回復期病院を経て早期に自宅に帰れるような診療計画を作成し、<u>治療を受けるすべての医療機関で共有</u>して用いる診療計画表

　　　＊「地域連携パス」「地域連携クリニカルパス」とも呼ばれている。

　　　＊医療情報が患者と医療提供者との間で共有されることにより、患者が医療への参加意思を持ちやすくするとともに、病院などの自主的な機能分担と連携の推進により地域全体でみていく<u>地域完結型医療</u>への転換を促進しようとするもの。

● 地域完結型医療

　　　＊急性期病院から回復期病院を経て自宅に帰れるよう、治療に関わるすべての医療機関の明確な役割分担に基づき共有して用いる診療計画

  2）医療計画と連動する医療連携体制の構築

> 医療連携体制を構築し医療計画に明示する必要がある
> 疾患と事業（医療法第 30 条の 4 第 2 項第 2 号）
>
> 　　＊4 疾病：　①がん　　②脳卒中　　③急性心筋梗塞
> 　　　　　　　　④糖尿病
>
> 　　＊5 事業：　①救急医療　　②災害時における医療
> 　　　　　　　　③へき地の医療　　④周産期医療
> 　　　　　　　　⑤小児医療（小児救急医療を含む）
>
> 　注　第 5 次医療法改正時には 4 疾病 5 事業だったが、その後、疾病に**精神疾患**が加わり「5 疾病」となり、さらに**在宅医療**も加わり「5 疾病 5 事業および在宅医療」に変更された。

● 5 疾病 5 事業および
　在宅医療

● 医療安全確保の義務
　づけ

(3) 医療安全確保の義務づけ

  1）病院、診療所または助産所の管理者は、厚生労働省令で定めるところにより、<u>医療安全確保のための指針策定、従業者に対する研修実施、その他の医療安全を確保</u>するための

措置を講じなければならない。

2）医療法施行規則において、病院、診療所、助産所の管理者に対して、以下の項目を義務づける。

①安全管理体制の整備

②院内感染制御体制の整備

③医薬品、医療機器の安全使用、管理体制の整備

<医療安全の体制整備>

●医療機関における医療の安全の確保の義務

（1）①医療安全指針の策定、②安全管理委員会（またはスタッフミーティング）の開催、③従事者研修の実施、④事故・インシデント報告などの措置を講じること。

（2）医療安全確保のための具体的措置

①院内感染対策のための体制確保

②医薬品の安全確保のための体制確保

③医療機器の安全確保のための体制確保

●医師の社会的責任

①職員への教育・研修

【ハインリッヒの法則】
1件の重大な事故が起こる背景には、29件の軽微な事故が起こっており、さらに300件ものヒヤリハットが起きている。

②ヒヤリハット・インシデント情報の収集と分析

③事故発生時の初動対応ならびに再発防止策の立案

④事故発生の予防

⑤万一、事故が発生した場合の影響拡大の防止に努めなければならない。

⇒医療安全支援センターが国民の目線で評価

（4）医療法人制度改革

（5）その他

1）地域や診療科による医師不足への対応

2）医療従事者の資質向上

3）医療法の看護師配置標準等の見直しと保険の適用関係

●第6次医療法改正　　◆第6次医療法改正…2014（平成26）年6月成立・同年10月施行

（1）病床の機能分化・連携の推進

●病床機能報告制度　　⇒病床機能報告制度（2014年10月施行）と地域医療構想（ビ

●ハインリッヒの法則

●地域医療構想(ビジョン)	ジョン)*の策定
	*地域医療構想(ビジョン)の策定（2015 年度〜）：都道府県が、二次医療圏ごとに 2025 年の地域の医療提供体制の姿を策定する。

（2）在宅医療の推進

（3）医師・看護職員確保対策（2015 年 10 月施行）
　⇒看護師の届出制度、特定行為に係る看護師の研修制度
　*医師：地域医療支援センター（努力義務規定）
　*看護師⇒ナースセンター

（4）医療機関における勤務環境の改善（2014 年 10 月施行）

●医療勤務環境改善支援センター
　⇒各都道府県に医療勤務環境改善支援センターの設置
　*社会保険労務士、医業経営コンサルタントなどの各専門家が配置され、勤務環境の改善に取り組む医療機関に対して、相談支援・情報提供・研修会などを実施する。

（5）医療事故に係る調査の仕組み等の整備（2015 年 10 月施行）
　　⇒医療事故調査制度

●医療事故調査・支援センター
　⇒医療事故調査・支援センター（一般社団法人 日本医療安全調査機構）　2015 年 10 月 1 日業務開始

（6）臨床研究の推進
　*臨床研究中核病院を医療法上に位置づけ（2015 年 4 月施行）

（7）医療法人制度の見直し（2014 年 10 月施行）
　*持分なし医療法人への移行促進

●地域医療連携推進法人
（8）2015 年の改正で地域医療連携推進法人制度の創設
　　　　　　　　　　　　　　　　　（2017 年 4 月 2 日施行）

第4章
日本の社会保障制度各論

1 社会保険

【1】 医療保険 ···

●保険給付

疾病、負傷、出産、死亡などの保険事故による短期的・経済的な損失について保険給付する制度。

＊業務上の事由又は通勤によって労働者が負傷・疾病、障害・死亡等の状態になった場合は、労働者災害補償保険（根拠法：労働者災害補償保険法）で対応する。

1 医療保険制度の概要

●保険料
●保険事故
●現物給付
●現金給付

偶発的事故や傷病の発生の蓋然性（確率）が統計的方法その他によって、ある程度まで予知できる場合、共通にその事故の脅威を受ける者があらかじめ一定の掛金（**保険料**）を互いに拠出しておき、積立金を用いてその事故・傷病（**保険事故**）に遭った場合に療養等の現物（**現物給付**）または一定金額（**現金給付**）を与え、保険事故による損害の回復や健康の回復（療養）に必要な金銭的負担を填補する制度。

＊国家が社会政策のために実施する社会保険としての医療保険（疾病保険）は 1883 年、ドイツで初めて施行された。

2 わが国の医療保険制度の特徴

●強制加入

①強制加入である。⇒国民皆保険

●保険集団の決定

②各人の属する保険集団があらかじめ決定されている。

⇒属する保険集団により保険料率が異なる。

⇒所得に応じた負担がある。

③医療保険の運営は、公的機関によって行われる。

●一部負担金

④一部負担金がある。

⑤金銭給付の方法をとらず、医療機関にかかった費用を保険者が支払う現物給付の形をとるのが原則。

⇒被保険者が保険医療機関（病院・診療所）に受診した場合、療養という現物の給付を受ける。

⇒被保険者が患者となり、医療機関にかかった場合の医療費を現金で保険者から給付される現金給付ではない。

●保険給付の定型化

⑥保険給付の定型化⇒**診療行為の点数化**

保険事故に対応した社会政策的要求を充足する平均的標準的な給付を行うことを目的としており、給付の種類の点でも給付金額の点でも個別の保険ニーズに応ずることには限界がある。そのこ

●保険外併用療養費制度

とにより起こる社会的問題を解消するために保険外併用療養費制度（評価療養・選定療養・患者申出療養）が設けられている。

⑦原則として患者が保険医療機関を自由に選択できる。

●フリーアクセス

⇒フリーアクセス

●保険医の登録指定

⑧保険医および保険医療機関それぞれの登録指定が必要である。

●保険医療機関の登録指定

＊保険医療機関において、当該保険医療機関で診療を行う旨の届出（保険医の勤務届出）をしている保険医が診療を行った場合に医療保険による診療報酬の支払いがなされる。

＊保険医登録は、その医師・歯科医師が主に診療をする保険医療機関の所在する都道府県の地方厚生局事務所に行う。

＊保険医療機関登録は、その医療機関の所在する都道府県の地方厚生局事務所に行う。

●出来高払い

⑨出来高払い（原則）

● DPC

＊DPC（Diagnosis Procedure Combination：診断群別包括支払制度）による入院医療費の定額支払制度が 2003 年 4 月より開始され、2014 年時点で一般病院の約 55％を占めている。

3　医療保険制度で使われる用語

●保険者

①保険者：保険料を徴収し、医療費を支払うなど、保険制度を運営する者

●被保険者

②被保険者：保険の加入者。保険料を支払い、病気、負傷時等に必要な給付を受ける者

③被扶養者：被保険者の扶養親族等

＜被扶養者の要件＞

＊同居のみ：三親等以内の親族・事実婚の配偶者の父母および子

＊別居でも可：直系尊属（父母・祖父母・曽祖父母等）・配偶者・
子・孫・弟妹

＜生計維持の基準＞

被扶養者の年収が130万円未満（60歳以上および障害者の
場合は180万円未満）で、同居の場合は被保険者の年収の2
分の1未満であること。また別居の場合は被保険者からの仕
送り額よりも少ない場合。

④任意継続被保険者：退職等で被保険者でなくなった場合に、希
望により一定の条件で加入した被保険者

⑤適用事業所：健康保険の適用を受ける事業所

4　医療保険制度の組織

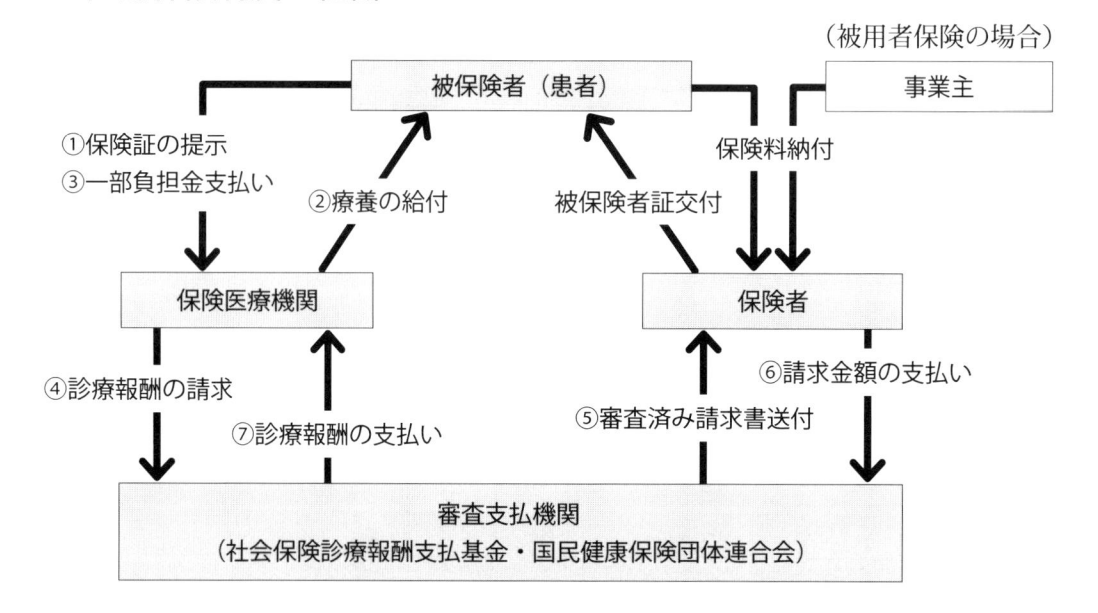

保険診療は健康保険法等に基づく保険者と保険医療機関との間の

公法上の契約である。では、「公法上の契約はいつ結ばれるか？」
というと、医師・歯科医師にとっては保険医の登録を行った時、医
療機関にとっては保険医療機関等の指定を受けた時となる。つまり、
保険医療機関の指定または保険医の登録を行うことは公法上の契約
を行うことであり、保険医の登録または保険医療機関の指定の際は、

「健康保険法」「保険医療機関及び保険医療養担当規則」等で規定されている保険診療のルール（契約の内容）を知っていなければならない。

▶保険医療機関等の指定、保険医等の登録

（健康保険法　第65条、第70条）

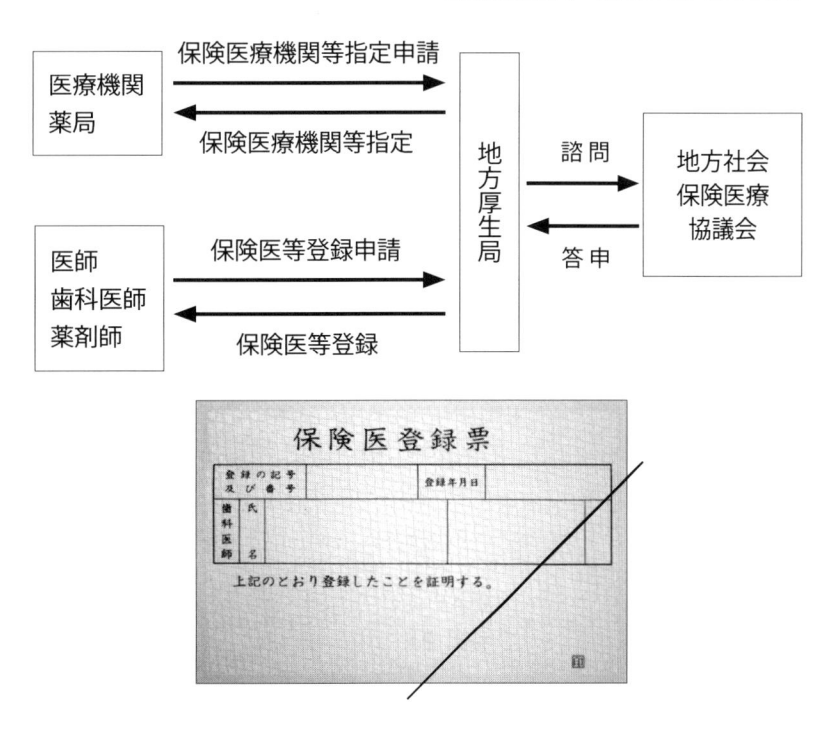

5　保険給付の種類

●療養の給付

①**療養の給付**：被保険者が「けが」をしたり、「病気」にかかった時、保険医療機関（病院や診療所）で診察、薬剤や治療材料の支給、処置・手術などの治療、病院や診療所や居宅における療養上の管理や療養に係る世話・看護などを受けること。または病院や診療所への入院、保険薬局で薬の支給を受けること。

●入院時食事療養費

②**入院時食事療養費**：病院に入院し、治療とあわせて<u>食事療養</u>を受けた場合にかかった費用の支給を受けること。

＊入院時の食事療養費のうち「標準負担額」を除いた費用を給付。

＜食事療養標準負担額＞

・一般（市町村民税課税世帯）：1食460円

　　　　　　　　　　・住民税非課税世帯

　　　　　　　　　　　　入院日数 90 日まで：1 食 210 円

　　　　　　　　　　　　入院日数 90 日超：1 食 160 円

　　　　　　　　・70 歳以上で住民税非課税・所得が一定基準に満たない者：

　　　　　　　　　　　　1 食 100 円

●入院時生活療養費　　③**入院時生活療養費**：療養病床に入院する 65 歳以上の患者の食

　　　　　　　　　　費や居住費などの費用の支給を受けること。

　　　　　　　　　　＊食費以外に光熱水費などの居住に必要な費用の負担もあわせ

　　　　　　　　　　　て支給される。

●療養費　　　　　④**療養費**：保険医療機関以外の病院で療養を受けた場合や、旅先

　　　　　　　　　　で被保険者証を所持せずに自費で診療を受けたとき（海外療養

　　　　　　　　　　費）の費用について支給されるもの。

　　　　　　　　　　＊窓口で支払った医療費について、保険者に「療養費の支給」

　　　　　　　　　　　の申請を行う。

　　　　　　　　　　＊〔窓口支払額〕－〔一部負担金相当額〕

　　　　　　　　　　＊償還払い

●特別療養費　　　⑤**特別療養費**：保険料の滞納により「被保険者資格証明書」の交付

　　　　　　　　　　を受けた者が、保険医療機関で療養を受けたときに支給される。

　　　　　　　　　　＊償還払い

●保険外併用療養費　⑥**保険外併用療養費**：予め認定されている治療行為等に関しては

　　　　　　　　　　保険診療と保険診療対象外の診療を並行して行える（<u>保険外併</u>

　　　　　　　　　　<u>用療養費制度</u>）。その場合の保険診療の基礎的な部分に対して

　　　　　　　　　　保険給付される費用。

　　　　　　　　　　＊通常は、保険外診療と保険診療を組み合わせると医療費は全

　　　　　　　　　　　額患者の自己負担となるが、保険外併用療養（評価療養・選

●混合診療　　　　　　定療養・患者申出療養）として適用されると、いわゆる混合診

　　　　　　　　　　療が認められ、保険適用部分の患者負担は原則三割となる。

●評価療養　　　　◆**評価療養**：先進的な医療や治験で、今後、保険導入のための

　　　　　　　　　　評価を行うもの。

　　　　　　　　　ⅰ　先進医療（旧特定療養費制度下の高度先進医療を含む）

　　　　　　　　　ⅱ　医薬品の治験にかかる診療

　　　　　　　　　ⅲ　医療機器の治験にかかる診療

　　　　　　　　　ⅳ　薬価基準収載前の未承認医薬品の投与

　　　　　　　　　ⅴ　保険適用前の承認医療機器の使用

<table>
<tr><td></td><td>vi　薬価基準に収載されている医薬品の適応外使用</td></tr>
</table>

| ●選定療養 | ◆**選定療養**：保険導入を前提とせず、患者の選択に委ねられているもの。 |

　　i　特別の療養環境の提供

　　ii　予約診療

　　iii　時間外診療

　　iv　200 床以上の病院の未紹介患者の初診

　　v　200 床以上の病院の未紹介患者の再診

　　vi　制限回数を超える入院

　　vii　前歯部の材料差額

　　viii　金属床総義歯

　　ix　小児う蝕の治療後の継続管理

| ●患者申出療養 | ◆**患者申出療養** |

・2014 年 6 月 24 日に政府が閣議決定した新成長戦略と、規制改革実施計画に盛り込まれた。

・2015 年 5 月 27 日に成立した医療保険制度改革関連法に創設が盛り込まれ、2016 年 4 月 1 日に施行された。

・2015 年 9 月 30 日、「患者申出療養制度」の骨格案が中央社会保険医療協議会総会において示され承認された。

・「患者申出療養制度」の適用を求める患者は、臨床研究の拠点病院（臨床研究中核病院）が作成した計画書や同意書などを沿え、国に申請する。

・臨床医や患者団体の関係者ら約 20 人で構成する国の評価会議が申請された治療方法や投薬の安全性を審査し、適用の認否を原則 6 週間以内に判断する。

・「評価療養」においても一部の医薬品などにおいて認められていたが、実施できる医療機関は大学病院等に限られていた。「患者申出療養」として認められれば、地域の身近な病院や診療所での受診も申請できるほか、審査期間も 6 カ月から大幅に短縮され難病患者のニーズに迅速に対応できることが期待される。

●訪問看護療養費	⑦**訪問看護療養費**：在宅医療を受けている被保険者が、看護師などの指定訪問看護事業者から療養上の世話を受けた場合の費用について支給されるもの。
●移送費	⑧**移送費**：保険者が必要であると認める場合に支給される「療養の給付」を受けるために病院などへ移送するための費用。 ＊病気やけがで移動が困難で、医師の指示で一時的・緊急的必要があり、移送された場合に支給される。 ＊最も経済的な通常の経路と方法で計算した額が支給される。 ＊自己負担額はない。 ＊償還払い
●高額療養費	⑨**高額療養費**：療養の給付や保険外併用療養費、家族療養費などの支給を受けた際に、同一月・同一保険医療機関において自己負担限度額を超えた場合に支給される。 ＊原則、費用を一旦、保険医療機関の窓口で負担する。 ＊負担した金額を保険者に申請 ＊保険者は領収書などで確認のうえ、現金で給付（償還払い）する。
●傷病手当金	⑩**傷病手当金**：療養のために働くことができなくなった日から3日を経過した日から、働けない期間について支給される。 ＊病気やけがのために会社を休み、事業主から十分な報酬が受けられない場合に支給される。⇒「事業主からの報酬」と「年金」の合算金額が傷病手当金より多い場合は支給されない。 ＊病気休業中に被保険者とその家族の生活を保障するために設けられた制度。 ＊健康保険で診療が受けられる範囲内の療養が対象。 ＊業務上のケガや美容整形手術での療養は含まれない。 ＊支給期間：会社を休んだ日が連続して3日間あったうえで、4日目以降休んだ日に対して1年6カ月の範囲で支給される。 ＊支給額：欠勤1日につき標準報酬日額の3分の2を支給。
●家族療養費	⑪**家族療養費**：被扶養者の病気やケガに対して支給される。 ＊傷病手当金、出産手当金を除く。 ＊給付の範囲、受給方法、受給期間などは、すべて被保険者に対する「療養の給付」と同じ。 ＊3歳未満は2割負担。

　　　　　　　　　　＊3歳〜69歳は3割負担。

　　　　　　　　　　＊70歳以上は1割負担（一定以上の所得者は3割負担）。

●埋葬料　　　　　⑫**埋葬料**：<u>被扶養者</u>などが埋葬を行った場合に支給される。

●埋葬費　　　　　⑬**埋葬費**：<u>被扶養者以外</u>が埋葬を行った場合に支給される。

●出産育児一時金　⑭**出産育児一時金**：<u>被保険者</u>が出産したときに支給される。

　　　　　　　　　　＊直接支払い制度：請求と受取を、被保険者等に代わって医療
　　　　　　　　　　　機関等が行う。

　　　　　　　　　　＊受取代理受領：請求を行う際、医療機関等に受取を委任する
　　　　　　　　　　　制度。

●出産手当金　　　⑮**出産手当金**：<u>被保険者</u>が出産で会社を休み、事業主から報酬を
　　　　　　　　　受けられないときに支給される。

　　　　　　　　　　＊支給額：出産の日（実際の出産が予定日以後のときは予定日）
　　　　　　　　　　　以前42日から出産の日以後56日までの期間、欠勤1日に
　　　　　　　　　　　つき標準報酬日額の3分の2を支給。

●家族埋葬料　　　⑯**家族埋葬料**：<u>被扶養者</u>が死亡したときに支給される。

●家族出産育児一時金　⑰**家族出産育児一時金**：<u>被扶養者</u>が出産したときに支給される。

6　医療保険制度改革の流れ

　　　　　　　　　持続可能な社会保障制度の確立を図るための改革の推進に関する
　　　　　　　　法律（2013年12月成立）に基づく措置として、2015（平成27）

●医療保険制度改革関　年5月27日に成立した医療保険制度改革関連法（「持続可能な医
　連法　　　　　　療保険制度を構築するための国民健康保険法等の一部を改正する法
　　　　　　　　律」）により、持続可能な医療保険制度を構築するため、国保をはじ
　　　　　　　　めとする医療保険制度の財政基盤の安定化、負担の公平化、医療費
　　　　　　　　適正化の推進、患者申出療養の創設等の措置を講ずることとなった。

　　　　　　　　＜医療保険制度改革関連法（「持続可能な医療保険制度を構築す
　　　　　　　　るための国民健康保険法等の一部を改正する法律」）の概要＞
　　　　　　　　(1) 国民健康保険の安定化
　　　　　　　　　①国保への財政支援の拡充により、財政基盤の強化
　　　　　　　　　　・2015年度から約1,700億円
　　　　　　　　　　・2017年度以降は毎年約3,400億円

② 2018（平成 30）年度から、<u>都道府県が財政運営の責任主体</u>となり、安定的な財政運営や効率的な事業の確保等の<u>国保運営</u><u>に中心的な役割を担い、制度を安定化</u>

●全面総報酬割り

（2）後期高齢者支援金の全面総報酬割りの導入

○被用者保険の保険者の後期高齢者支援金ついて、段階的に全面総報酬割を実施

- ・現行：1/3 総報酬割
- ・2015 年度：1/2 総報酬割
- ・2016 年度：2/3 総報酬割
- ・2017 年度：全面総報酬割

（3）負担の公平化等（2016 年 4 月 1 日）

①入院時の食事代について、在宅療養との公平等の観点から、調理費が含まれるよう段階的に引き上げ

②特定機能病院等は、医療機関の機能分担のため、必要に応じて患者に病状に応じた適切な医療機関を紹介する等の措置を講ずることとする。

③健康保険の保険料の算定の基礎となる標準報酬月額の上限額引き上げ

121 万円 ⇒ 139 万円

（4）その他

①<u>協会けんぽの国庫補助率を「当分の間 16.4％」</u>と定めるとともに、法定準備金を超える準備金に係る国庫補助額の<u>特例的な</u><u>減額措置を講ずる。</u>　　　（2015 年 5 月 27 日公布）

②<u>被保険者の所得水準の高い国保組合の国庫補助</u>について、<u>所得</u><u>水準に応じた補助率に見直し</u>

（被保険者の所得水準の低い組合に影響が生じないよう、調整補助金を増額）　　　　　　（2016 年 4 月 1 日）

③医療費適正化計画の見直し、予防・健康づくりの促進

（2016 年 4 月 1 日）

- ・都道府県が<u>地域医療構想と整合的な目標</u>（医療費の水準、医療の効率的な提供の推進）を計画の中に設定
- ・保険者が行う保険事業に、予防・健康づくりに関する被保険

者の自助努力への支援を追加

④患者申出療養（患者からの申出を起点とする新たな保険外併用療養の仕組み）の創設　　　　　　（2016年4月1日）

7　医療保険制度の実際

〔1〕医療保険の種類

（1）被用者保険　※根拠法律：「健康保険法」等

　　1）一般被用者保険⇒健康保険

　　　ⅰ）全国健康保険協会管掌健康保険（全国健康保険協会）

　　　ⅱ）組合管掌健康保険（健康保険組合）

　　　ⅲ）日雇特例被保険者保険（全国健康保険協会）

　　　　　　⇒健康保険法第3条第2項の被保険者

　　2）特定被用者保険

　　　①共済組合保険　※根拠法律：国家公務員共済保険法などそれぞれの「共済組合保険法」

　　　ⅰ）国家公務員共済

　　　ⅱ）地方公務員等共済

　　　ⅲ）私立学校教職員共済

　　　②船員保険（全国健康保険協会）※根拠法律：「船員保険法」

（2）国民健康保険　※根拠法律：「国民健康保険法」

　　1）国民健康保険組合（自営業者国民健康保険組合）

　　2）市町村国民健康保険（市町村）

　　3）被用者保険の退職者保険（市町村）

　＊（1）の被用者保険と（2）1）自営業者の国民健康保険までを職域保険、（2）2）市町村国民健康保険、

　　③退職者保険を地域保険と分類することもある。

（3）長寿医療制度（後期高齢者医療制度）※根拠法律：「高齢者の医療の確保に関する法律」

　　　運営主体⇒後期高齢者医療広域連合

●被用者保険

（1）被用者保険

　　1）一般被用者保険（健康保険）

　　　＊「健康保険法」に基づいた医療保険

　　　＊「健康保険法」は1922（大正11）年に制定され、1927（昭和2）年1月、1人68銭の団体自由選択制人頭請負方式で全面施行された。

＊ 1984（昭和 59）年退職者医療制度（国保）が創設され、これに伴い社会保険被保険者本人の定率自己負担導入（当初 1 割）

●一部負担金

　　⇒一部負担金

＊加入割合：被用者保険 6 割、国民健康保険 4 割

●全国健康保険協会管掌健康保険

ⅰ）全国健康保険協会管掌健康保険

◆保険者：全国健康保険協会（協会けんぽ）

◆被保険者：主に<u>中小企業の社員とその扶養家族</u>が加入する。

　＊被保険者本人（約 2.367 万人）とその被扶養者（約 1,551 万人の計約 3,918 万人（2018 年 10 月末日現在）が加入している。

◆都道府県ごとに地域の医療費を反映した保険料率を設定。

　　⇒都道府県単位の財政運営が基本

　＊ 2008（平成 20）年 10 月以前は政府が保険者で、社会保険庁が事務を行い、保険料率は全国一律であった。

◆全国平均保険料率

2009 年度：8.2%　　　　2010 年度：9.36%

2011 年度：9.5%　　　　2012 年度：10.0%

●組合管掌健康保険

2013 年度以降は据え置き

ⅱ）組合管掌健康保険

◆保険者は健康保険組合⇒<u>年々減少傾向</u>にある。

　＊ 2018（平成 30）年 4 月 1 日現在 1,389 組合

◆企業が単独で設立する場合は <u>700 人以上</u>、同業種の複数の企業が共同して設立する場合は <u>3,000 人以上</u>の被保険者が必要。

◆被保険者：主に<u>大手企業の社員と扶養家族</u>が加入する。

　＊被保険者とその家族で、国民の 4 分の 1 に相当する約 2,961 万人（2018 年 4 月 1 日現在）が加入している。そのうち被保険者本人約 1,667 万人、被扶養者約 1,294 万人。

◆一定規模の職域などの集団であるため、効率的かつ柔軟性のある運営が特徴。

▶健康保険組合の財政状況

2013 年度	約 1,154 億円の赤字
2014 年度	約 634 億円の黒字
2015 年度	約 1,279 億円の黒字
2016 年度	約 2,373 億円の黒字
2017 年度	約 3,024 億円の赤字（健保組合数：1,398）⇒ 4 年ぶりの赤字 ＊健保組合の 6 割以上が赤字。 ＊高齢者向けの拠出金：3 兆 4,925 億円（＋ 1.18%） ＊平均保険料率の推移 　　2016 年度：9.11%　　　2017 年度：9.164% 　　2018 年度：9.215% 　　　保険料率が 10%以上の健康保険組合が急増し、 　　　2018 年度では 313 組合。
2018 年度	約 1,381 億円の赤字（見込み）

※高齢者医療制度への拠出額は 2008 年度からの累計で約 34 兆 2,489 億円

●日雇特例被保険者保険

iii）日雇特例被保険者保険

⇒健康保険法第 3 条第 2 項の被保険者

◆保険者：全国健康保険協会（協会けんぽ）

◆被保険者：日々雇い入れられる人や 2 カ月以内の期間を定めて使用される人などが加入する。

＊約 2.0 万人（被保険者本人約 1.3 万人・被扶養者約 0.7 万人、2015 年度末現在）

2）特定被用者保険

●共済組合保険

①共済組合保険

◆「共済組合各法」に基づいた医療保険

◆ i）～iii）で約 774 万人加入（被保険者本人約 406 万人・被扶養者約 368 万人、2015 年度末現在）

●国家公務員共済

i）国家公務員共済　＊保険者は 20 共済組合（2016 年度末現在）

●地方公務員等共済

ii）地方公務員等共済　＊保険者は 64 共済組合（〃）

●私立学校教職員共済

iii）私立学校教職員共済　＊保険者は 1 事業団（〃）

●船員保険

②船員保険

◆船員保険法に基づいた医療保険

◆保険者は全国健康保険協会

◆約 11.9 万人加入（2015 年度末現在）

＊被保険者本人約 5.4 万人・被扶養者 6.5 万人

◆船員保険は以前、医療、雇用、年金、労災を一本化した総合保険であったが、2010（平成22）年から、雇用部門は雇用保険制度に、年金と労災部門は労災保険制度にそれぞれ統合され、医療部門は全国健康保険協会が保険者となって運営することとなり、福祉事業とあわせて新船員保険制度となった。

（2）国民健康保険

◆「国民健康保険法」に基づいた医療保険

◆国民健康保険法は1938（昭和13）年7月、一部負担金（5:5）で市町村・職業を単位とする任意設立の保険組合が実施主体となり施行された。

◆1959（昭和34）年1月新国民健康保険法の施行により

　1961（昭和36）年4月に国民皆保険達成。

◆1963（昭和38）年国保の療養給付期間の制限廃止

◆1968（昭和43）年国保7割給付

◆世帯を構成する家族1人ひとりを被保険者としており、被扶養者という考えはない。

◆種類

　1）国民健康保険組合（保険者：自営業者国民健康保険組合）

　2）市町村国民健康保険（保険者：市町村・特別区）

　3）被用者保険の退職者保険（保険者：市町村）

◆被保険者

　1）は同種の事業に従事する者で組織した国民健康保険組合に加入している者

　2）は市町村、特別区に住所を有する者（健康保険法等の被保険者以外）

　3）は被用者保険の退職者のうち退職者保険該当手続修了者

◆保険者数

　1）農業者・自営業者など　市町村1,716　国保組合163

　2）被用者保険退職者　　市町村1,717

◆国民健康保険加入者数

　　約3,225万人（2017年9月末現在）が加入している。

　　＊国民健康保険組合：約280万人

　　＊市町村国民健康保険：約2,945万人

（3）後期高齢者医療制度（長寿医療制度）

◆「高齢者の医療の確保に関する法律」に基づく医療保険

◆高齢者を対象とした医療保険制度の変遷

1973（昭和 48）年	老人医療費無料化
1982（昭和 57）年	老人保健法制定（実施の主体は市町村）に伴い定額自己負担導入
1983（昭和 58）年	2 月、老人保健法施行
2006（平成 18）年	「老人保健法」が「高齢者の医療の確保に関する法律」に改められる。
2008（平成 20）年	4 月、後期高齢者医療制度（長寿医療制度）施行

◆ 2008 年 4 月施行：75 歳以上の高齢者（または 65 歳から 74 歳で保険者から障害認定を受けた人）は国民健康保険や社会保険から脱退し、「後期高齢者医療制度（長寿医療制度）」に加入。

◆約 1,678 万人が加入（2016 年度末現在）

◆保険者：都道府県単位で市区町村が加入する「後期高齢者医療広域連合」（保険者数 47）

◆前期高齢者（65 ～ 74 歳）は国保、被用者保険に加入し、後期高齢者（75 歳〜）は後期高齢者医療制度（長寿医療制度）に加入する。

◆被保険者
　＊後期高齢者医療広域連合の区域内に住所を有する 75 歳以上の者
　＊後期高齢者医療広域連合の区域内に住所を有する 65 歳以上 75 歳未満の者であって、政令で定める程度の障害の状態にある旨の認定を受けた者

◆保険料は原則、年金から天引き徴収

◆医療費の負担割合
　＊ 2016 年度の後期高齢者医療制度における医療費は約 14 兆 1,731 億円
　○公費負担：50%　＊国：都道府県：市町村＝ 4：1：1
　○高齢者の保険料：10%
　○現役世代の保険料：40%⇒協会けんぽ、健保組合、共済組合、国民健康保険の加入者がそれぞれの健康保険を通じて拠出。

●後期高齢者支援金

＜後期高齢者支援金＞

・40 歳未満：医療給付費分＋後期高齢者支援金分

・40 歳以上 65 歳未満：医療給付費分＋後期高齢者支援金分＋介護保険納付金分

・65 歳以上 75 歳未満：医療給付費分＋後期高齢者支援金分
＊介護保険納付金分は年金より別途天引き。

▶医療保険制度の概念図

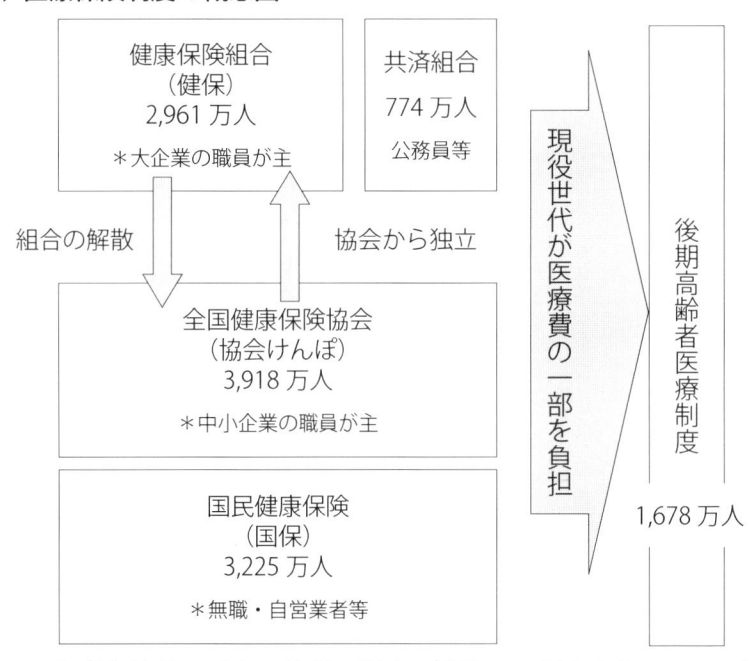

◆「高齢者の医療の確保に関する法律」に規定されている、国民の高齢期における適切な医療の確保を図るための事項

①厚生労働省は医療費の適正化を推進するための基本方針と全国医療費適正化計画を定める。

②基本方針に沿って、都道府県は都道府県医療費適正化計画を定める。

③厚生労働大臣は特定健康診査等基本指針を定める。

●メタボリックシンドローム（内臓脂肪症候群）

●特定健康診査

●特定保健指導

④保険者は、いわゆる「メタボリックシンドローム」（**内臓脂肪症候群**）に対し、**特定健康診査**等実施計画を作り、40 歳以上の加入者に対し健康診査等を実施し、**特定保健指導（積極的支援 / 動機付け支援）**を行う。

◆特定健康診査・特定保健指導

受診率や保健指導実施率の目標達成度によって<u>後期高齢</u>

●後期高齢者支援金の 加算・減算制度	者医療制度への財政負担最大 10％内で増減される（後期高齢者支援金の加算・減算制度）。
	◆メタボリックシンドローム（内臓脂肪症候群）の判定基準 ＊ウエスト周囲径が男性 85cm 以上、女性 90cm 以上であり、かつ以下の判定基準のうち 2 項目以上当てはまる場合はメタボリックシンドロームに該当する。 ①血清脂質異常：トリグリセリド 150mg/dL 以上、 　HDL40mg/dL 未満 ②血圧高値：H 130mmHg 以上、L 85mmHg 以上 ③高血糖：空腹時血糖値 110mg/dL 以上

〔2〕医療保険による医療費支払い

	＊患者による医療現場での支払い：患者が医療機関に払う一部負担金や保険外併用療養における特別なアメニティ部分などにかかる患者負担分など。
●審査支払機関	＊審査支払機関から保険医療機関への診療報酬の振込支払 　保険医療機関は原則 1 カ月単位（月遅れで請求される場合もある）で、診療した月の翌月の決められた日までに、審
●社会保険診療報酬支払基金	査支払機関（社会保険診療報酬支払基金・国民健康保険団体連合会）に診療報酬明細書・請求書を提出することにより診
●国民健康保険団体連合会	療報酬の請求を行う。審査支払機関は審査後に審査済み診療
●診療報酬明細書	報酬明細書・請求書をそれぞれの被保険者が加入する健康保険組合などの保険者に送付する。それぞれの保険者はその請求額を審査支払機関に納付し、審査支払機関はそれぞれの保険医療機関に診療報酬を振込み支払う。
	＊審査支払機関における審査で保険医療機関の請求内容に疑義
●返戻	が生じた場合は査定されたり、保険医療機関に返戻されたりする。
	＊保険者において、診療報酬請求内容に疑義が生じた場合は、審査支払機関に再度の審査を申し出ることができる。（保険
●保険者再審査	者再審査）
	＊保険医療機関に審査支払機関より診療報酬明細書が返戻された場合は、疑義内容に対する説明・調整などを行い再度、審査支払機関に提出する。

＊審査支払機関による審査の結果、診療報酬の査定（減額等）が行われた場合で、その査定に納得できない場合は、保険医療機関より審査支払機関に再度の審査を申し出ることができる（医療機関再審査）。

●医療機関再審査

▶保険診療と診療報酬支払までの流れ

患者の来院

⬇

保険証の提示［患者］

⬇

保険診療行為（診療・カルテ記載）［保険医療機関の保険医］

⬇

一部負担金の支払い（3割・1割負担）［患者］

⬇

診療報酬明細書（レセプト）・請求書の 作成・審査支払機関への提出［保険医療機関］

診療報酬明細書（レセプト）の審査［審査支払機関］

⬇

それぞれの患者が被保険者として加入する保険者へ 審査済みの診療報酬明細書（レセプト）・請求書を送付［審査支払機関］

審査支払機関へ請求金額の支払い［保険者］

各保険医療機関へ振込支払い［審査支払機関］

◆診療報酬が支払われる条件

＊保険医が

＊保険医療機関において

＊健康保険法、医師法、歯科医師法、医療法、医薬品医療機器法の各種関係法令の規定を遵守し

●保険医療機関及び保険医療養担当規則（療担規則）

＊「保険医療機関及び保険医療養担当規則」（療担規則）の規定を遵守し

＊医学的に妥当適切な診療を行い

＊診療報酬点数表に定められたとおりに請求を行っていること

8 保険医療機関及び保険医療養担当規則

◆保険診療の禁止事項

●無診察治療

①無診察治療

医師（歯科医師）は自ら診察しないで治療をし、又は診断書若しくは処方せんを交付してはならない。

(医師法第20条・歯科医師法第20条)

＊初診時および再診時においても同様

＊無診察投薬の禁止

●特殊療法・研究的診療

②特殊療法・研究的診療

○保険医は、特殊な療法又は新しい療法等については、厚生労働大臣の定めるほか行ってはならない。(療担第18条)

○各種の検査は診療上必要があると認められる場合に行う。

(療担第21条第1項ホ)

○各種の検査は、研究の目的をもって行ってはならない。ただし、治験に係る検査については、この限りでない。

(療担第21条第1項ヘ)

③健康診断

○健康診断は、療養の給付の対象として行ってはならない。

（療担第 20 条第 1 項ハ）

④濃厚（過剰）診療

○検査、投薬・注射、手術等は必要性を十分考慮した上で必要最少限に行う。

（療担第 21 条趣旨）

○保険医療機関は、その担当する療養の給付に関し、健康保険事業の健全な運営を損なうことのないよう努めなければならない。

（療担第 2 条の 4）

○保険医は、診療に当たっては、健康保険事業の健全な運営を損なう行為を行うことのないよう努めなければならない。

（療担第 19 条の 2）

⑤経済上の利益の提供による誘引の禁止

○患者・事業者等に対し、患者が自己の保険医療機関で診療を受けるよう、金品その他経済上の利益を提供して誘引してはならない。

（療担第 2 条の 4 の 2）

⑥特定の保険薬局への誘導

○保険医療機関は、当該保険医療機関において健康保険の診療に従事している保険医の行う処方せんの交付に関し、患者に対して特定の保険薬局において調剤を受けるべき旨の指示等を行ってはならない。

（療担第 2 条の 5 の第 1 項、第 19 条の 3 の第 1 項）

○保険医療機関は、保険医の行う処方せんの交付に関し、特定の保険薬局において調剤を受けるべき旨の指示等を行うことの代償として、保険薬局から金品その他財産上の利益を収受してはならない。

（療担第 2 条の 5 の第 2 項、第 19 条の 3 の第 2 項）

○保険医は、その交付した処方せんに関し、保険薬剤師から疑義の照会があった場合には、これに適切に対応しなければならない。

（療担第 23 条第 2 項）

⑦混合診療の禁止⇒ 2011 年 10 月 25 日最高裁判決

保険診療と保険外の診療の併用は、保険外併用療養費制度の範囲で行う。

◆診療録（カルテ）の記載

　○医師（歯科医師）は、診療をしたときは、遅滞なく診療に関する事項を診療録に記載しなければならない。

（医師法第24条第1項・歯科医師法第23条第1項）

　＊罰則：50万円以下の罰金

　○保険医は、患者の診療を行った場合には、遅滞なく、様式1号又はこれに準ずる様式の診療録に、当該診療に関し必要な事項を記載しなければならない。（療担第22条）

　○保険医療機関は、第22条の規定による診療録に療養の給付の担当に関し必要な事項を記載し、これを他の診療録と区別して整備しなければならない。　　（療担第8条）

※診療録（カルテ）の記載内容

（医師法施行規則第23条・歯科医師法施行規則第22条）

①診療を受けた者の住所、氏名、性別及び年齢

②病名及び主要症状

③治療方法（処方及び処置）

④診療の年月日

◆診療録（カルテ）の保存

　○保険医療機関は、<u>療養の給付に関する帳簿及び書類その他の記録</u>をその完結の日から3年間保存しなければならない。ただし、患者の<u>診療録</u>にあっては、その完結の日から5年間とする。　　（療担第9条）

※前項の診療録であって、病院又は診療所に勤務する医師（歯科医師）のした診療に関するものは、その病院又は診療所の管理者において、その他の診療に関するものは、その医師（歯科医師）において、5年間これを保存しなければならない。

（医師法第24条第2項・歯科医師法第23条2項）

◆処方せんの交付

　○特殊の事情がある場合以外、処方せんの使用期間は交付の日を含めて4日以内。　　（療担第20条三・療担第21条三）

※処方せん記載事項

　医師（歯科医師）は患者に交付する処方せんに患者の氏名、年齢、薬名、分量、用法、用量、発行の年月日、使用期間及び病院若しくは診療所（歯科医療機関）の名称及び所在地又

は医師（歯科医師）の住所を記載し、記名押印又は署名しなければならない。(医師法施行規則第21条・歯科医師法施行規則第20条)

【2】 介護保険 ·····························

> ◆根拠法律：介護保険法
> ◆2000年4月1日施行、要介護状態または要支援状態にある人が介護サービスを利用する際、その費用（給付費）を被保険者から徴収する保険料だけでなく、国・都道府県・市町村が負担する特徴を持つ。

1 介護保険の保険者

●広域連合

原則として市町村および特別区であるが、厚生労働省が広域化を勧めてきたことから、広域連合や一部事務組合で運営されているケースも多い。保険者が小規模であるほど、運営が安定しにくい。

2 介護保険の被保険者

満40歳以上の地域住民

●第1号被保険者　　　　◇**第1号被保険者**⇒65歳以上の者

●第2号被保険者　　　　◇**第2号被保険者**⇒40歳から65歳未満の医療保険加入者

※生活保護法による医療扶助を受けている場合など医療保険に加入していない者は第2号被保険者ではない。

＊原則として保険者（市区町村または広域連合）の区域内に住所を有する者を当該保険者の被保険者とする。

3 保険給付内容

●居宅サービス　　　　（1）居宅サービス

●訪問サービス　　　　　①訪問サービス

a. 訪問介護（ホームヘルプサービス）：ホームヘルパーに

よる介護や家事の援助

b. 訪問入浴：浴槽を積んだ入浴車で家庭を訪問して行う入浴介護サービス

c. 訪問看護：看護師などが家庭を訪問して行う看護

d. 訪問リハビリテーション：理学療法士や作業療法士等が家庭において行うリハビリテーション

e. 居宅療養管理指導：医師・歯科医師、薬剤師等が家庭を訪問して行う療養上の管理・指導

●通所サービス

②通所サービス

a. 通所介護（デイサービス）：デイサービスセンターなどでの日常介護

b. 通所リハビリテーション（デイケア）：介護老人保健施設などでのリハビリテーション

※ 2014 年 6 月 25 日に公布された「医療介護総合確保推進法」により、通所介護のうち、利用定員が厚生労働省令で定める数未満のものについては、地域密着型通所介護として地域密着型サービスに位置づけることとなった。

●短期入所サービス

③短期入所サービス（ショートステイ）

要介護者の介護施設への短期入所

●居宅介護支援

④居宅介護支援（ケアマネジメントサービス）

要介護者の個々の状況にそった居宅サービス計画（ケアプラン）の作成および介護サービス提供機関などとの連絡調整

●居宅サービス計画(ケアプラン)

＊ケアプランは要介護等と認定された被保険者が自ら作成することはできるが、通常は主に居宅介護支援事業所のケアマネジャー（介護支援専門員）が作成する。

●施設サービス

(2) 施設サービス

●介護保険施設

○介護保険施設への入所

●介護老人福祉施設

ⅰ）介護老人福祉施設（特別養護老人ホーム）への入所

「老人福祉法」に基づき認可された特別養護老人ホームを指定する。

●介護老人保健施設

ⅱ）介護老人保健施設への入所

「医療法」では医療提供施設としての位置付け

●介護療養型医療施設

ⅲ）介護療養型医療施設への入所

「医療法」に基づき許可された病院または診療所の療養

病床の一部を指定する。2023 年度末で廃止の予定。

●介護医療院　　　　**iv）介護医療院への入所**

　　　　医療と介護の複合的ニーズに対応する施設として、2018 年 4 月に創設。廃止予定の介護療養型医療施設の転換先として位置づけられている。

　　　　　　　　　　　　　　　＊ ii）～iv）は医師が常駐している。

▶医療施設と介護保険施設の役割

病院	急性期医療、回復期リハビリテーション
介護療養型医療施設 （2023 年度末までの廃止が決まっている）	長期療養者に対する医療および医学的管理 ＊医療と介護を必要とする要介護高齢者を対象とする。 ＊医療法で規定
介護医療院	要介護者の長期療養・生活施設 ＊医療法上の医療提供施設 ＊設置根拠は介護保険法
介護老人保健施設	家庭への復帰を目指したリハビリテーションおよび医学的管理 ＊「介護保険法」で規定 ＊医療（リハビリテーション）提供施設
介護老人福祉施設 （特別養護老人ホーム）	在宅介護が困難な要介護高齢者に対する日常ケア ＊「老人福祉法」に基づく福祉施設 ＊寝たきりなど ＊指定介護老人福祉施設は介護保険法に基づく施設

（3）地域密着型サービス

　○ 2006（平成 18）年度介護保険制度改正で導入

　○超高齢社会において、認知症高齢者や一人暮らし高齢者の増加が見込まれるなかで、高齢者が身近な地域での生活が継続できるようにするためのサービス体系。

　＜基本的仕組み＞

　　①居宅サービスと施設サービスは都道府県がサービス事業者の指定・監督を行うが、地域密着型サービスでは、より目が届

●地域密着型サービス

きやすい市町村が事業者の指定や指導・監督を行うことで地域の実情に対応したサービスを利用者に提供する。

②身近なところでサービスが受けられるように、事業所のある市町村の被保険者だけがサービスを利用できる（他の市町村長がその事業所を指定すれば利用は可能となる）。

③市町村が日常生活圏ごとに必要な数量を計画に定め、バランスよく計画的な整備に努める。

④高齢者グループホームや小規模施設等が計画量を超えた場合は、市町村は指定を拒否することができる。過剰な整備をなくし、費用を抑制できる。

⑤市町村は、地域の実情に応じた基準や介護報酬が設定できる。

＜地域密着型サービスの種類＞

①介護給付
ⅰ）定期巡回・随時対応型訪問介護看護
ⅱ）夜間対応型訪問介護
ⅲ）地域密着型通所介護
ⅳ）認知症対応型通所介護
ⅴ）小規模多機能型居宅介護
ⅵ）認知症対応型共同生活介護（高齢者グループホーム）
ⅶ）地域密着型特定施設入居者生活介護
ⅷ）地域密着型介護老人福祉施設入所者生活介護（小規模特養）
ⅸ）複合型サービス（看護小規模多機能型居宅介護）
②予防給付
ⅰ）介護予防認知症対応型通所介護
ⅱ）介護予防小規模多機能型居宅介護
ⅲ）介護予防認知症対応型共同生活介護

※予防給付は要支援1、2の利用者を対象とする。制度創設以来全国一律に提供されていたが、2014（平成26）年の改正で、介護予防訪問介護と介護予防通所介護の2つは、市町村が運営する地域支援事業（介護予防・日常生活支援総合事業）へ2017年度までに全面移行された。

4 申請からサービス利用まで

●要介護申請

1）要介護申請

要介護状態となった被保険者（<u>65 歳以上の高齢者</u>または <u>40 歳から 64 歳の特定疾病患者</u>*）が保険者である<u>市町村</u>に対して認定申請

＊本人が申請できない場合は家族可

＊家族も申請に行けない場合は居宅介護支援事業者や市町村の民生委員などに申請の代行を頼むことも認められる。

＊介護保険法で定める特定疾病（介護保険法施行令第 2 条）

①がん（医師が一般に認められている医学的知見に基づき回復の見込みがない状態に至ったと判断したものに限る）

②関節リウマチ　③筋委縮性側索硬化症　④後縦靭帯骨化症

⑤骨折を伴う骨粗鬆症　⑥初老期における認知症

⑦進行性核上性麻痺、大脳皮質基底核変性症およびパーキンソン病

⑧脊髄小脳変性症　⑨脊柱管狭窄症　⑩早老症　⑪多系統委縮症

⑫糖尿病性神経障害、糖尿病性腎症および糖尿病性網膜症

⑬脳血管疾患　⑭閉塞性動脈硬化症　⑮慢性閉塞性肺疾患

⑯両側の膝関節または股関節に著しい変形を伴う変形性関節症

●認定審査

2）認定審査

◆申請を受けた市町村は、申請のあった被保険者の日常生活動作や問題行動などの心身の状況に関する基本調査を行い、コンピュータを用いてどのくらいの介護サービスが必要か判断する。調査結果と主治医の意見書に基づき、あらかじめ国の定めた基準により、介護にかかる時間（要介護認定等基準時間）を一次判定結果として算出する。（**一次判定**）

●介護認定審査会

◆市町村などに設置された**介護認定審査会**が、**一次判定（コンピュータ判定）**と主治医の意見書や**特記事項（認定調査票）**を加味したうえで二次判定が行われる。

⇒非該当、要支援 1 ～ 2、要介護 1 ～ 5 の判定

＊ 2006（平成 18）年度から要支援は要支援 1 および 2 に分類され、介護給付ではなく、予防給付の対象となった。

＊認定は原則的に 6 カ月ごとに更新

3）認定・通知

原則として、申請から 30 日以内に認定結果が通知される。

◆新規・区分変更・更新申請

①新規申請：原則 6 カ月（3 〜 12 カ月で短縮・延長可）

②区分変更申請：原則 6 カ月（3 〜 12 カ月で短縮・延長可）

③更新申請

・要支援から要支援の場合：原則 12 カ月（3 〜 12 カ月で
短縮可）

・要介護から要介護の場合

：原則 12 カ月（3 〜 24 カ月で短縮・延長可）

・要支援から要介護、要介護から要支援の場合

：原則 6 カ月（3 〜 12 カ月で短縮可）

※他の保険者へ住所移転の際の要介護認定

・転居後 14 日以内に届出

・前の保険者の受給資格証に基づいて認定を行う（認定調査・
認定審査会の判定は省略される）。

4）ケアプランの作成

<u>居宅介護支援事業者</u>（ケアマネジャーを有する民間事業者や市

▶介護サービスの利用の手続き

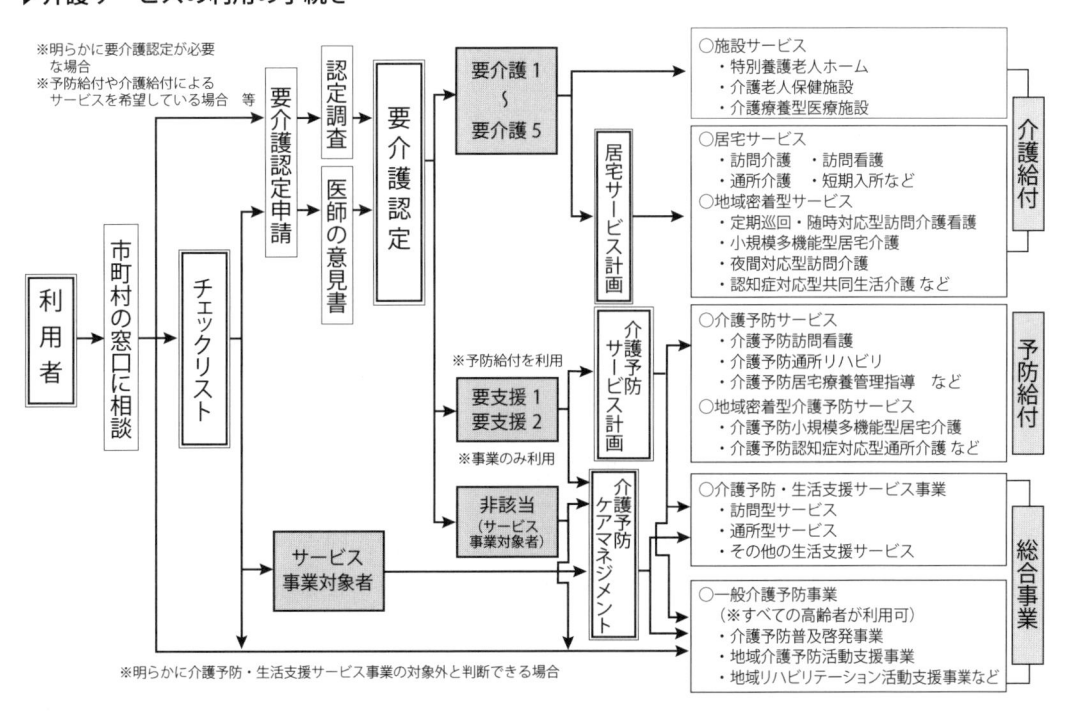

町村の福祉事務所など）または<u>本人</u>が利用可能な介護サービスからケアプランを作成する。

5）サービス利用

ケアプランに応じたサービスが実施される。介護保険の保険者は市町村であるが、サービスの実施は民間業者も参入して行う。

5　要介護認定基準

非該当	要介護認定の二次判定において、要介護、要支援に該当しないと判断される場合、自立を意味する非該当と判断される。
要支援	日常生活の一部に介護が必要だが、介護サービスの適度な利用で心身の機能の維持・改善が見込める。＊支援を要する度合いに従って要支援1、要支援2の2段階に分けられる。
要介護1	立ち上がりや歩行が不安定。排泄や入浴などに部分的介助が必要
要介護2	立ち上がりや歩行などが自力では困難。排泄・入浴などに一部または全介助が必要
要介護3	立ち上がりや歩行などが自力ではできない。排泄・入浴・衣服の着脱など全面的な介助が必要
要介護4	日常生活能力の低下がみられ、排泄・入浴・衣服の着脱など全般に全面的な介助が必要
要介護5	日常生活全般について全面的な介助が必要。意思の伝達も困難

6　日常生活動作（日常生活活動能力）

● ADL（日常生活動作）

ADL（Activities of Daily Living）。障害者や高齢者の日常生活の自立度（寝たきり度）を判定する基準となる。

1）ADL の指標

①移動⇒起居移動：寝返り、起き上がり、座位、立ち上がり、

立位、歩行

②食事　　③排泄　　④入浴　　⑤着替え

⑥整容（身だしなみ）　　⑦意思疎通

＊通常の日常生活を営む手段として必要となる動作群（家事全般、金銭管理、買い物など）は **IADL**（手段的日常生活動作 Instrumental Activities of Daily Living）として整理

● IADL（手段的日常生活動作）

2）寝たきり老人の定義

65 歳以上の高齢者で、6 カ月以上、常時臥床の状態にある者

7　介護保険の財源

◆介護保険制度の介護費用総額＝公費＋保険料＋利用者負担

◆利用者の負担率は原則 1 割

◆利用者負担を除く財源は公費と保険料が 50％ずつで構成されている。

◆介護保険制度における公費とは国庫ではなく、国・都道府県・市町村の税金から負担される財源である。

国：都道府県：市町村＝ 2：1：1

◆利用者負担の一割を除いた費用のうち、公費 50％（国 25.0％・都道府県 12.5％・市町村 12.5％）と保険料 50％（第 1 号被保険者 22％・第 2 号被保険者 28％）を財源負担し、ここから介護サービス費用の 9 割を支払っている。

8　介護予防と地域支援事業

●介護予防

1）予防重視型介護システム

2006（平成 18）年から、要介護者の増加を抑制することを目的とした予防重視型介護システムへの転換が図られている。

●予防給付

◆介護予防の具体的方策は、要支援者 1、2 の者に対する予防給付と、地域支援事業からなる。

2）予防給付

◆要支援状態の高齢者を要介護状態に悪化させない。

◆要支援 1、2 の者に給付されるサービス形態

◆介護給付と同様に介護保険制度上の保険給付

◆予防給付⇒重度化を防止して高齢者の自立を支援することが目的　　　　　　　　　　　＊介護給付⇒主として居宅介護支援が目的

◆介護予防サービスには介護サービス同様に居宅における「訪問サービス」「通所サービス」「短期入所サービス」などがあるが、「施設サービス」は提供されない。

◆介護予防通所サービスにおける選択的介護予防サービス（利用者が選択して利用する）

　　ⅰ）運動器の機能向上：理学療法士や作業療法士などの機能訓練指導員が中心に行う機能訓練

　　ⅱ）栄養改善：低栄養状態やその恐れのある利用者に、管理栄養士が行う食事相談や栄養管理

　　ⅲ）口腔機能の向上：歯科衛生士や言語聴覚士等が中心に行う口腔清掃、嚥下機能に関する訓練・指導

　　※ 2014 年 6 月 25 日の医療介護総合確保推進法の施行に伴い、介護予防サービスのうち介護予防訪問介護と介護予防通所介護は、地域支援事業としての介護予防・日常生活支援総合事業（「総合事業」）に移行が決まり、2017 年度より市町村の下で実施されている。

3）地域支援事業

◆要支援・要介護状態になる前に予防を行う。

◆地域のすべての高齢者が対象

◆地域支援事業には、介護予防・日常生活支援総合事業と包括的支援事業がある。

　　＜介護予防・日常生活支援総合事業＞

　　　◇特定高齢者施策：要支援・特定高齢者向け介護予防事業

　　　・介護支援予防・生活支援サービス事業（訪問型、通所型サービス／生活支援サービス／介護予防支援事業）

　　　◇一般高齢者施策：一般高齢者向け介護予防事業

　　　・一般介護予防事業

　　＜包括的支援事業＞

●地域包括支援センター　　　**地域包括支援センター**の 4 機能を中心とした業務を包括的に実施。

　　　◇**地域支援事業の中心的役割を担う。**

　　　◇市町村が設置する施設

　　　＊市町村で設置する「地域包括支援センター運営協議会」で支援やチェックを行う。

◇二次予防事業対象者（要支援・要介護になるおそれのある者）、要支援者を対象に地域支援事業（二次予防施策）や予防給付を行い、地域の高齢者が要支援・要介護状態になるのを予防するための介護予防事業を行う。

◇要支援者に介護予防ケアプランの作成、通所サービスの一部を提供する。

＊介護予防のケアプランは主に地域包括支援センターの保健師が作成。

●保健師

●社会福祉士

●主任介護支援専門員

◇**保健師**（その他これに準ずるもの）、**社会福祉士**（その他これに準ずるもの）、**主任介護支援専門員**（その他これに準ずるもの）を第 1 号被保険者 3,000 人以上 6,000 人未満ごとに各 1 人配置する。＊ 3 種の専門職が連携して実施する。

◇地域包括支援センターの 4 つの機能　⇒包括的支援事業

i ）総合相談支援	**社会福祉士**等
ii ）高齢者虐待の早期発見・防止などの権利擁護	**社会福祉士**等
iii ）包括的・継続的ケアマネジメント	**主任介護支援専門員**（主任ケアマネジャー）等
iv ）介護予防ケアマネジメント	**保健師**等

※医療介護総合確保推進法の施行に伴い、地域包括支援センターの設置者は、実施する事業の質の評価を行うこと等により事業の質の向上に努めるものとすること。また市町村は定期的に、実施する事業の実施状況の点検等を行うよう努めるものとすることとなった。(⇒ 2015 年 4 月 1 日施行)

《地域包括支援センター》

①介護予防ケアマネジメント

保健師等

連携

主任介護支援専門員

社会福祉士

②包括的・継続的ケアマネジメント

③総合相談　④権利擁護

9 高齢者の分類

ⅰ）要介護高齢者	要介護申請して、「要介護」と認定された高齢者
ⅱ）要支援高齢者	要介護申請して、「要支援」と認定された高齢者
ⅲ）特定高齢者	要支援・要介護へのリスクが高い高齢者 ・要介護認定を申請して非該当だったが、要支援へのリスクが高い者 ・要介護認定はしておらず、要支援・要介護へのリスクは高いがそれを自覚していない者
ⅳ）一般高齢者 （元気高齢者）	現在、要支援や要介護状態へのリスクが低い者

＊「ⅰ）要介護高齢者」と「ⅱ）要支援高齢者」は介護保険制度で介護支援または自立支援がなされる。

＊「ⅲ）特定高齢者」は要支援や要介護へのハイリスク高齢者であり、介護予防のための**ハイリスクアプローチ**の適用となる。

⇒<u>特定高齢者施策</u>

●特定高齢者施策

> ハイリスクストラテジー　⇒高リスクアプローチ
>　集団における疾病リスクの高い個人を対象とし、その人に保健指導や医療を行い疾病リスクの減少や疾病の早期発見をすることで、集団における罹患数や死亡数を減少させる方法

＊「ⅳ）一般高齢者」は介護予防のためのポピュレーションアプローチが必要である。　　　　　　　　⇒<u>一般高齢者施策</u>

●一般高齢者施策

◆特定高齢者施策

●特定高齢者把握事業

①特定高齢者把握事業
・特定健康診査や地域の保健医療福祉関係者の連携によりスクリーニングして対象者を選定
・地域のハイリスク高齢者の把握
・特定高齢者向け介護予防事業を行うための把握

●通所型介護予防事業	②通所型介護予防事業
	特定高齢者と判断された者に対し、地域包括支援センターの介護予防ケアマネジメントにより作成された介護予防ケアプランに基づき実施する。
	＊「運動機能向上」「栄養改善」「口腔機能の向上」「認知予防」「うつ予防」「閉じこもり予防」などを図るために集団的なプログラムが通所形態で実施される。
●訪問型介護予防事業	③訪問型介護予防事業
	閉じこもり、認知症やうつ、などにより、通所サービスの利用が困難である者を対象とする。
	※介護予防事業は原則通所サービス
●特定高齢者評価事業	④特定高齢者評価事業
	他の地域保健事業同様に、実施した事業評価を行う。
●一般高齢者施策	◆一般高齢者施策
●介護予防普及啓発事業	①介護予防普及啓発事業
	パンフレットや介護予防手帳の作成、講演会や介護予防教室の開催
●地域介護予防活動事業	②地域介護予防活動支援事業
	介護予防に関わるボランティア育成や地域活動組織の支援など
●一般高齢者施策評価事業	③一般高齢者施策評価事業
	他の地域保健事業同様に実施した事業の評価を行う。

10　介護保険と医療保険の違い

◆医療保険⇒主に「傷病」等が対象

◆介護保険⇒主に「要介護」状態が対象

◆要介護高齢者に対する医師・歯科医師の訪問は制度上、医療保険制度と介護保険制度にまたがって行われる。

＊通常、介護サービス計画（ケアプラン）作成の段階において、診療が必要であるとされた場合に医師・歯科医師に診療の依頼が行われる。

＊依頼に応じて行われた診療に要した費用は医療保険の給付対象となる。

＊治療の後、計画的・継続的な管理が必要であると判断され、本人・家族に対してその指導・助言を行うとともに介護支援専門員（ケアマネジャー）に情報提供を行った場合は「**居宅療養管理指導**」として介護保険の給付対象となる。

◆要介護状態⇒介護保険法第 7 条

障害状態と紛らわしいが、障害は傷病が原因で身体や精神上の機能に失調をきたした状態であり、要介護状態とは障害が原因で生活面で独り立ちできず常時介護を要する状態をいう。

＊要介護状態である人の多くは、同時に障害者でもあり医療を受けている。

◆介護保険が医療保険に優先する。

◆介護保険で居宅療養管理指導を算定した場合は、医療保険での指導・管理関係の項目は算定できない。

11　医療介護総合確保推進法の趣旨・概要

●医療介護総合確保推進法

団塊の世代が後期高齢者となる 2025 年問題や、進行している人口減少社会を見据え、医療と介護の在り方を見直すべく、2014（平成 26）年 6 月 18 日に「地域における医療及び介護の総合的な確保を推進するための関係法律の整備等に関する法律」＜医療介護総合確保推進法＞が成立し、同年 6 月 25 日に公布・施行（ただし、医療法関係は 2014 年 10 月以降、介護保険法関係は 2015 年 4 月以降など順次施行）された。この法律は社会保障と税の一体改革の道筋を示したプログラム法に基づき、医療法や介護保険法など 19 の改正案をまとめた一括法であり、22 項目にわたる附帯決議が付いている。

▶医療介護総合確保推進法の要点

医療と介護の連携強化

①消費税増収分を活用した基金を都道府県に創設
②医療・介護サービスの計画を包括する基本方針を策定

高度急性期から在宅医療・
介護まで一連のサービスを

地域で総合的に確保

 医療

効果的な医療提供体制の確保

①医療機関が病床の機能を都道府県に
　報告
②都道府県が地域医療構想を策定
③医療従事者の確保を推進

連携

 介護

地域包括ケアシステムの構築

①予防給付を市町村事業に移行し
　多様化
②低所得者の保険料軽減を拡充
③特別養護老人ホームの入居要件
　を原則要介護3以上に限定
　＊現在入所している要介護1・2
　　の高齢者はそのまま入所可

「地域における医療及び介護の総合的な確保を推進するための関係法律の整備等に関する法律」
＜医療介護総合確保推進法＞
（平成26年6月18日成立・同年6月25日公布）

【趣旨】

　持続可能な社会保障制度の確立を図るための改革の推進に関する法律に基づく措置として、効率的かつ質の高い医療提供体制を構築するとともに、地域包括ケアシステムを構築することを通じ、地域における医療及び介護の総合的な確保を推進するため、医療法、介護保険法等の関係法律について所要の整備等を行う。

【概要】

（1）新たな基金の創設と医療・介護の連携強化（地域介護施設整備促進法等関係）

　①都道府県の事業計画に記載した医療・介護の事業（病床の機能分化・連携、在宅医療・介護の推進等）のため、
　　消費税増収分を活用した新たな基金を都道府県に設置

　②医療と介護の連携を強化するため、厚生労働大臣が基本的な方針を策定

（2）地域における効率的かつ効果的な医療提供体制の確保（医療法関係）

①医療機関が都道府県知事に病床の医療機能（高度急性期、急性期、回復期、慢性期）等を報告（⇒「病床機能報告制度」平成 26 年 10 月 1 日施行）し、都道府県は、それをもとに地域医療構想（ビジョン）（地域の医療提供体制の将来のあるべき姿）を医療計画において策定（⇒「地域医療構想の策定」平成 27 年 4 月 1 日施行）

②医師確保支援を行う地域医療支援センターの機能を法律に位置付け（⇒平成 26 年 10 月 1 日施行）

（3）地域包括ケアシステムの構築と費用負担の公平化（介護保険法関係）

①在宅医療・介護連携の推進などの地域支援事業の充実とあわせ、全国一律の予防給付（訪問介護・通所介護）を地域支援事業に移行し、多様化（⇒平成 27 年 4 月 1 日施行）

　※地域支援事業：介護保険財源で市町村が取り組む事業

②介護老人福祉施設等（特別養護老人ホーム）に係る給付対象を、在宅での生活が困難な中重度の要介護者を支える機能に重点化（⇒平成 27 年 4 月 1 日施行）

③低所得者の保険料軽減を拡充：市町村は公費で低所得者の第一号保険料の軽減を行い、国がその費用の 2 分の 1、都道府県が 4 分の 1 を負担（⇒平成 27 年 4 月 1 日施行）

④一定以上の所得のある利用者の自己負担を 2 割へ引上げ（ただし、月額上限あり）

⑤低所得の施設利用者の食費・居住費を補填する。「補足給付」の要件に資産などを追加　（④⑤⇒平成 27 年 8 月 1 日施行）

（4）その他

①診療の補助のうち特定行為を明確化し、それを手順書により行う看護師の研修制度を新設

　（⇒「保健師助産師看護師法」の一部改正・平成 27 年 10 月 1 日施行）

②医療事故に係る調査の仕組みを位置づけ（⇒「医療事故調査・支援センター」平成 27 年 10 月 1 日施行）

③医療法人社団と医療法人財団の合併、持ち分なし医療法人への移行促進策を措置（⇒平成 26 年 10 月 1 日施行）

④介護人材確保対策の検討（介護福祉士の資格取得方法の見直しの施行時期を 27 年度から 28 年度に延期）

【施行期日】

　公布日。ただし、医療法関係は平成 26 年 10 月以降、介護保険法関係は平成 27 年 4 月以降など順次施行。

【附帯決議】

〔1〕地域における公的介護施設等の計画的な整備等の促進に関する法律の一部改正について

（1）地域包括ケアシステムの推進に当たっては、地域の実情に十分配慮した上で、実施体制の充実及び機能の強化を図り、その実現に努めること。

（2）地域における医療及び介護の総合的な確保のために都道府県に設けられる基金の配分に当たっては、実効性、公正性及び透明性が十分に確保されるよう、総合確保方針を策定し、官民の公平性に留意するとともに、成果を適正に判定するための事業実施後の評価の仕組みの構築を急ぐこと。

〔2〕医療法の一部改正について

（1）医療提供体制等について

　ア　病床機能の報告に当たっては、報告内容が医療機関に過度の負担とならないよう留意するとともに、地域医療構想の策定において将来における医療機能の必要量が適切に推計され、また、その実現に資するよう、都道府県に対し、適切な指針の提示や研修及び人材育成等の必要な支援を行うこと。

イ　病床機能の再編に当たっては、地域において医療機関相互の協議が尊重されるとともに、保険者及び地域住民の意見が反映されるよう配慮すること。

ウ　医療従事者の確保に当たっては、医師の地域又は診療科間の偏在の是正等に留意しつつ、医療需要を満たすよう適切な措置を講ずること。

エ　医療従事者の勤務環境の改善については、医療従事者の離職防止及び定着促進の観点から、関係団体の意見を十分に尊重するとともに、取組が遅れている医療機関にも必要な支援がなされるよう、都道府県に対し十分な協力を行うこと。また、いわゆるチーム医療の推進を含めた医療提供体制の抜本的改革に努めること。

オ　国民皆保険の下で行う医療事業の経営の透明性を高めるため、一定の医療法人の計算書類の公告を義務化することについて検討すること。

カ　臨床研究における不正行為を排除し、臨床研究に対する国民の信頼を回復させるため、研究データの信頼性が確保される体制が整備されるよう臨床研究中核病院の承認基準を定めること。

キ　医療提供体制の政策立案から評価、見直しに至る PDCA サイクルの実効性を確保するとともに、その過程における患者、住民、保険者の参画を図ること。あわせて科学的知見に基づいた制度の設計と検証に資するため、医療政策人材の育成を推進すること。

(2) 医療事故調査制度について

ア　調査制度の対象となる医療事故が、地域及び医療機関毎に恣意的に解釈されないよう、モデル事業で明らかとなった課題を踏まえ、ガイドラインの適切な策定等を行うこと。

イ　院内事故調査及び医療事故調査・支援センターの調査に大きな役割を果たす医療事故調査等支援団体については、地域間における事故調査の内容及び質の格差が生じないようにする観点からも、中立性・専門性が確保される仕組みの検討を行うこと。また、事故調査が中立性、透明性及び公平性を確保しつつ、迅速かつ適正に行われるよう努めること。

ウ　医療事故調査制度の運営に要する費用については、本制度が我が国の医療の質と安全性の向上に資するものであることを踏まえ、公的費用補助等も含めその確保を図るとともに、遺族からの依頼による医療事故調査・支援センターの調査費用の負担については、遺族による申請を妨げることにならないよう最大限の配慮を行うこと。

〔3〕介護保険法の一部改正について

(1) 介護予防訪問介護及び介護予防通所介護の地域支援事業への移行に当たっては、専門職によるサービス提供が相応しい利用者に対して、必要なサービスが担保されるガイドラインの策定を行った上で、利用者のサービス選択の意思を十分に尊重するとともに、地域間においてサービスの質や内容等に格差が生じないよう、市町村及び特別区に対し財源の確保を含めた必要な支援を行うこと。

(2) 軽度の要介護者に対しては、個々の事情を勘案し、必要に応じて特別養護老人ホームへの入所が認められるよう、適切な措置を講ずること。

(3) いわゆる補足給付に際し、資産を勘案するに当たっては、不正申告が行われないよう、公平な運用の確保に向け、適切な措置を講ずること。

(4) 一定以上所得者の利用者負担割合の引上げに際し、基準額を決定するに当たっては、所得に対して過大な負担とならないようにするとともに、必要なサービスの利用控えが起きないよう十分配慮すること。

(5) 介護・障害福祉事業者の人材確保と処遇改善並びに労働環境の整備に当たっては、早期に検討を進め、財源を確保しつつ、幅広い職種を対象にして実施するよう努めること。

(6) 介護の現場においては、要介護者個々の心身状態に応じた密度の濃い支援を適切に実施することができるよう有資格者による介護を行うこと。

〔4〕保健師助産師看護師法の一部改正について

(1) 指定研修期間の基準や研修内容の策定に当たっては、医療安全上必要な医療水準を確保するため、試行事業等の結果を踏まえ、医師、歯科医師、看護師等関係者の意見を十分に尊重し、適切な検討を行うとともに、制度実施後は、特定行為の内容も含め、随時必要な見直しを実施すること。

(2) 特定行為の実施に係る研修制度については、その十分な周知に努めること。また、医師又は歯科医師の指示の下に診療の補助として医行為を行える新たな職種の創設等については、関係職種の理解を得つつ検討を行うよう努めること。

〔5〕歯科衛生士法の一部改正について

健康寿命延伸のために歯科衛生士が果たす役割の重要性に鑑み、歯科衛生士が歯科医師等との緊密な連携の下に適切な事業を行えるようにするとともに、歯科衛生士が活躍する就業場所について環境の整備を図ること。

〔6〕看護師等の人材確保の促進に関する法律の一部改正について

看護職員の離職者の把握に当たっては、その情報の取扱いに留意するとともに、ナースセンターを通じた復職支援が適切に実施されるよう必要な体制整備を実施すること。

【3】 年金保険 ･･

1 年金保険の種類

●国民年金 　　　　　1) 国民年金（根拠法：**国民年金法**）

●厚生年金 　　　　　2) 厚生年金（根拠法：**厚生年金法**）

●共済年金 　　　　　3) 共済年金（根拠法：**国家公務員共済組合法、地方公務員等共済組合法、私立学校教職員共済法**）

2 年金保険制度の概要

老齢、障害、死亡を主な保険事故の対象として、各種の年金給付を支給する制度で、労働能力の長期的喪失や生計維持者の死亡について、その本人や遺族の生活を保障しようとする長期保険。

＊死亡した場合

年金保険⇒遺族年金

医療保険⇒埋葬料

＊老齢年金（年金給付の中心）の給付条件

・10 年以上の保険料支払い（2017 年 8 月 1 日から、それまでの 25 年以上が短縮された）

・一定年齢への到達

3 年金保険の制度構造

　　現在の公的年金保険は、<u>全国民共通の基礎年金（国民年金）</u>に、被用者が加入した所得比例部分を、基礎年金に上乗せして支給する制度構造となっている。

◆ （1階部分）国民年金　⇒基礎年金部分

　　<u>20 歳以上の全国民が加入し基礎年金部分を支給</u>

　　　　　　　　⇒老齢基礎年金

◆ （2階部分）⇒所得比例部分

　　厚生年金保険、（各種共済年金）、厚生年金基金の代行部分、国民年金基金、確定拠出年金（個人型）

◆ （いわゆる3階部分）⇒希望により被保険者が独自に追加加入

　　厚生年金基金、確定給付企業年金

▶年金制度の構造概念図

　　＊ 2015（平成 27）年 10 月に共済年金は 3 階にあたる職域部分が廃止され、厚生年金と統合された。

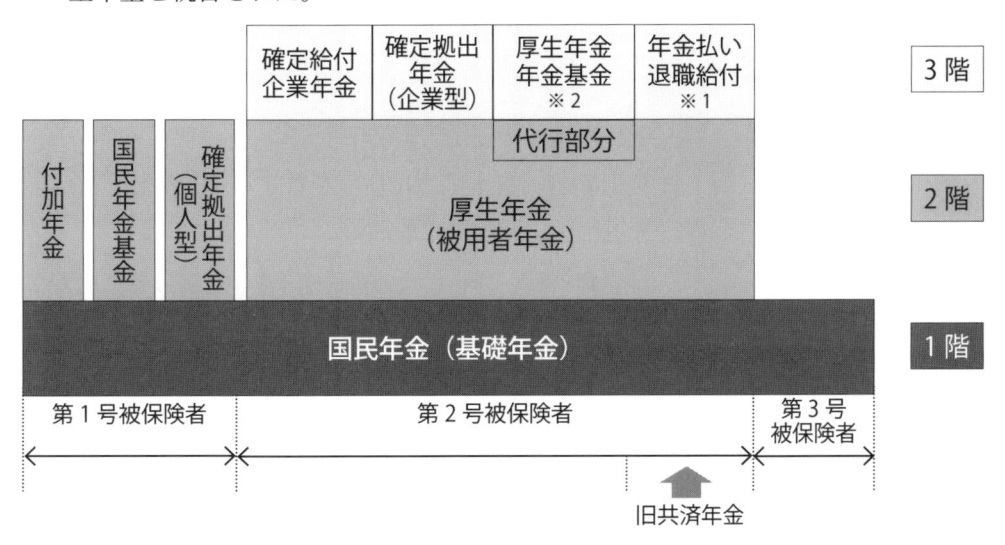

※ 1　旧共済年金（公務員・私立学校に勤務する教職員）の職域部分（3 階部分）は廃止され、「年金払い退職給付」制度を設けることとなったが、2015（平成 27）年 10 月 1 日（施行日）前に年金権を有する者や加入期間を有する者に対しては、施行日以後においても、加入期間に応じた職域部分が支給される。

※ 2　2013（平成 25）年 6 月 19 日に厚生年金基金制度の見直しを柱とした年金制度改正法（「公的年金制度の健全性および信頼確保のための厚生年金保険法の一部を改正する法律」）が成立し、同年 6 月 26 日に改正厚生年金保険法が交付された。これにより、一部の財政的に健全な基金を除き、実質廃止に向かって動き出した。

＊基本的には厚生年金基金制度の廃止を促す法改正なので、解散および他制度への移行については要件が相当緩和されている。

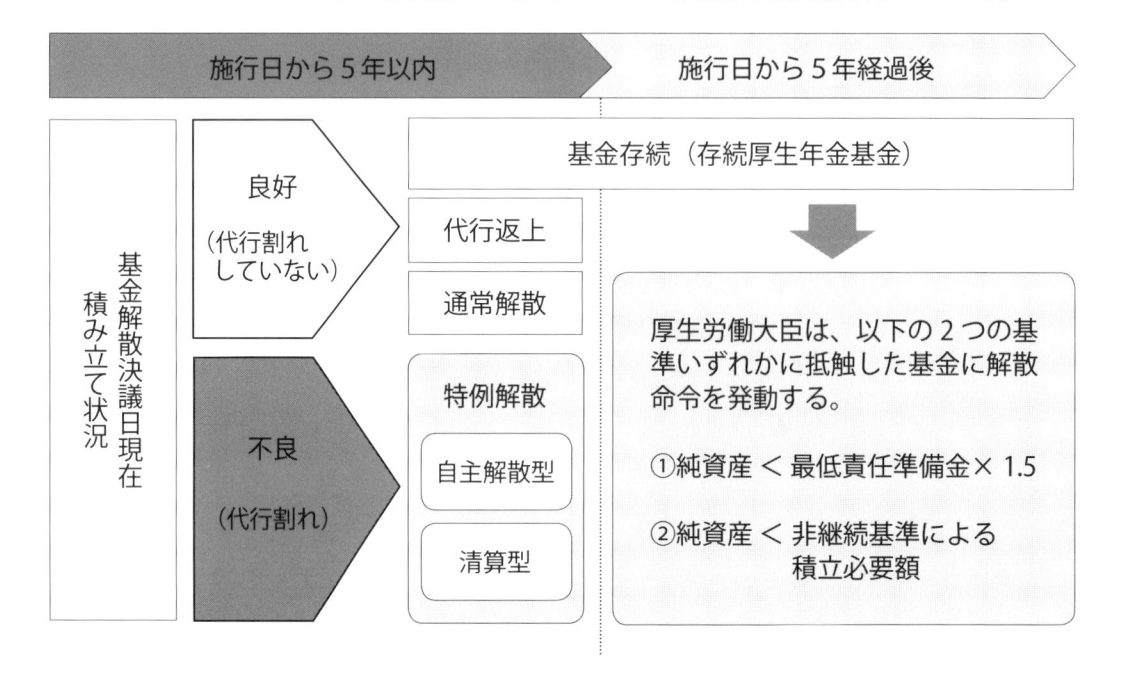

4 年金保険各論

●国民年金法

1）国民年金（根拠法：国民年金法）

①被保険者：日本国内に住所を有する20歳以上60歳未満のすべての者が加入する。

●基礎年金

⇒老齢・障害・死亡により「基礎年金」を受けることができる。

＊「老齢基礎年金」「障害基礎年金」「遺族基礎年金」「寡婦年金」

◇第1号被保険者

（対象者）農業等の従事者、学生、フリーター、無職の者など

◇第2号被保険者

（対象者）厚生年金の適用を受けている事業所に勤務する者であれば、自動的に国民年金にも加入することとなる。

＊65歳以上で老齢年金を受ける者は除く。

◇第3号被保険者

（対象者）第2号被保険者の配偶者で20歳以上60歳未満の者。

＊年間収入が130万円以上で健康保険の扶養となれない

者は第 3 号被保険者とはならず、第 1 号被保険者となる。

②保険料（納付方法）

◇第 1 号被保険者

納付書による納付や口座振替など、自分で納付する。

＊低所得者で保険料を納付できない場合は、免除や納付猶予の仕組みがある。

◇第 2 号被保険者

国民年金保険料は厚生年金保険料に含まれるので厚生年金をかける者は自動的に国民年金にも加入することとなる。

＊厚生年金制度が国民年金制度に基礎年金拠出金を交付する。

＊事業主も支払う。

＊国は一般会計から国庫負担をしている。

◇第 3 号被保険者

国民年金保険料は配偶者が加入する厚生年金制度が一括負担する。

③給付

◇老齢基礎年金：保険料納付[1]が 10 年以上であって、65 歳になると給付される。

※ 1：「公的年金制度の財政基盤及び最低保証機能の強化等のための国民年金法等の一部を改正する法律」（**年金機能強化法**[2]：2012 年 8 月 10 日成立・同 22 日公布・2014 年 4 月 1 日施行）により、受給資格の保険料納付期間は消費税 10％に引上げられる時（2017 年 4 月予定）に 25 年（300 月）から 10 年（120 月）に短縮される予定

※ 2：年金機能強化法施行（2014 年 4 月 1 日）に伴う主な変更点

　◆国民年金関係

　▪遡って免除申請ができるようになった。

　▪法定免除期間の保険料が納付できるようになった。

　▪付加年金料も 2 年間納付できるようになった。

　◆厚生年金保険関係

　▪産前産後休業期間中の保険料が免除されるようになった。

　◆年金給付関係

　▪子のある夫にも遺族基礎年金が支給されるようになった。

　▪未支給年金を受け取れる遺族の範囲が拡大された。

- 繰下げ請求が遅れた場合でも遡って年金が支給されるようになった。
- 遡って障害者特例による支給を受けられるようになった。
- 障害年金の額改定請求が1年を待たずに請求できるようになった。
- 国民年金の任意加入未納期間が受給資格期間に算入されるようになった。
- 年金受給者が所在不明となった場合に届出が必要となった。

◇障害基礎年金：年金加入者が病気やけがで障害が残った時に支給される年金。

＊若年者でも、障害が発生するまでの年金加入期間の2/3以上の期間（保険料免除期間がある場合は免除期間を含める）について保険料が納付されている場合は支給される。（病院にいった初診日の属する月の2カ月前までの1年間に保険料の未納がない場合）

＊受給資格は、初めて医師の診療を受けたときから、1年6カ月が過ぎたとき（その間に治癒した場合は、治癒したとき）に障害の状態にあるか、または65歳に達するまでの間に障害の状態となった場合。

◇遺族基礎年金：国民年金加入者が死亡するまでの年金加入期間の2/3以上の期間（保険料免除期間がある場合は免除期間を含める）について保険料が納付され、死亡した日の属する月の2カ月前までの1年間に、保険料の未納がない場合、および老齢基礎年金の資格期間を満たしている者が死亡した場合に、死亡した者によって生計を維持されていた「子供のいる妻」または「子供」に支給される。

＊子供：18歳になった年度の末日まで。ただし、子供に障害がある場合には20歳になった年の末日まで。

◇寡婦年金：国民年金保険料の納付期間と免除期間を合わせて25年以上ある夫が、年金をもらわずに死亡したとき、妻（10年以上結婚）に給付される年金。

＊寡婦年金は妻が60歳から65歳になるまでの5年間支給される。

＊妻が繰り上げ支給の老齢基礎年金の支給を受けていた場合および再婚している場合は支給されない。

◇死亡一時金：国民年金の保険料を「3年以上納めた人」が老齢基礎年金・障害基礎年金の両方ともももらわないまま死亡し

た場合に、生計をともにしていた遺族（家族）へ支給される。

★遺族基礎年金・寡婦年金・死亡一時金はどれか一つしか給付されない。

　遺族基礎年金⇒子供のいる妻または子

　寡婦年金⇒子供のいない65歳未満の妻（10年以上結婚）

　死亡一時金⇒上記2つの条件に該当しない妻

2）厚生年金（根拠法：<u>厚生年金法</u>）

●厚生年金法

①被保険者

強制適用事業所に常勤する70歳未満の者

◆強制適用事業所：常時5人以上の従業員を雇用している事業所、法人事業所と船舶

◆厚生年金保険の被保険者は同時に、国民年金の2号被保険者である。

②保険料

・被保険者の標準報酬月額と賞与に一定の割合を掛けて決定する。

・事業主と被保険者で負担する（労使折半）。

③給付

・老齢基礎年金の受給要件を満たした者で、厚生年金保険の被保険者期間を有する者は65歳から老齢厚生年金が支給される。

・老齢基礎年金に上乗せして支給される。

　＊その他の給付：障害厚生年金、障害手当金、遺族厚生年金

【4】 雇用保険 ·······································

◆根拠法：雇用保険法

(1) 目的

失業者の生活の安定と労働者の雇用の安定

○失業者の生活の安定⇒失業等給付

○労働者の雇用の安定⇒雇用保険二事業

●失業等給付

◆**失業等給付**

①求職者給付

②就職促進給付

③教育訓練給付

④雇用継続給付

●雇用保険二事業

◆**雇用保険二事業**

①雇用安定事業

②能力開発事業

(2) 保険者

国（厚生労働省職業安定局雇用保険課、各都道府県労働局の雇用保険主管課と公共職業安定所（ハローワーク）が事務処理機関）

(3) 保険料

事業主と労働者が原則折半して負担

(4) 適用される事業所

「1週間の所定労働時間が20時間以上で、かつ、31日以上引き続いて雇用される見込みのある労働者」を1人以上雇用する事業所は、法人、個人を問わず、原則「雇用保険適用事業所」となる。

●雇用保険適用事業所

＊農林水産業⇒個人事業で、雇用労働者数が5人未満のものは、当分の間、任意適用

＊国家公務員、非常勤以外の地方公務員は除外

（5）被保険者

雇用保険適用事業所に雇用されている者は、国籍を問わず原則として被保険者となる。

①一般被保険者

②高年齢被保険者

●高年齢被保険者

65 歳未満で雇用され、65 歳以上になった労働者（旧高年齢継続被保険者）で 2017 年 1 月 1 日以降も継続して雇用されている場合は自動的に高年齢被保険者となる。

＊ 2017 年 1 月 1 日より、高齢者の雇用拡充を目的に、65 歳以上の労働者も雇用保険の適用対象となった。

③短期雇用特例被保険者

季節的に雇用されている労働者（出稼ぎ）など

④日雇労働被保険者

日々雇用される者、または、30 日以内の期間を定めて雇用される労働者（日雇い労働者）のうち適応区域に居住または雇用される労働者

（6）失業等給付

●求職者給付

①求職者給付：失業した際に、求職活動期間の生活の安定を図ることが目的

基本手当、技能習得手当、寄宿手当、傷病手当

＊一般被保険者以外を対象とする求職者給付：高年齢求職者給付金、特例一時金、日雇労働求職者給付金

●就職促進給付

②就職促進給付：失業者の再就職の促進と支援が目的

＊就業促進手当：再就職手当、就業手当、常用就職支度手当、移転費、広域求職活動費

●教育訓練給付

③教育訓練給付：労働者の能力開発の支援が目的

教育訓練給付金

●雇用継続給付

④雇用継続給付：高齢者、育児・介護休業者の雇用の促進・支援が目的

●高年齢雇用継続給付

高年齢雇用継続給付、育児休業給付、介護休業給付

(7) 雇用保険二事業

●雇用安定事業

①雇用安定事業（雇用の安定）

失業の予防、雇用状態の是正、雇用機会の増大、雇用構造の改善

●能力開発事業

②能力開発事業（職業に関する能力の開発）

労働者の能力の開発向上

＊失業保障はもとより、再就職推進までを目指して運用されている。

＊雇用福祉事業は 2007 年の「雇用保険法等の一部を改正する法律」により廃止され、二事業となった。

(8) 失業等給付の原資

○保険料

○国庫負担（国民の生存権の保障に資する目的）

ⅰ　日雇労働求職者給付と広域延長給付⇒ 1/3

ⅱ　一般求職者給付と短期雇用特例求職者給付⇒ 1/4

ⅲ　雇用継続給付（育児休業給付・介護休業給付⇒ 1/8

＊上記ⅰ〜ⅲについて当面の間は 55/100 が国庫負担

＊高年齢求職者給付、就職促進給付、教育訓練給付、雇用継続給付のうちの高年齢雇用継続給付および二事業の運営に対して国庫負担はない。

【5】労働者災害補償保険　·······························

◆根拠法：労働者災害補償保険法

(1) 目的

①業務上の事由または通勤によって労働者が負傷、疾病障害、死亡等の状態になった場合に、迅速かつ公正な保護を実施するために、必要な保険給付を行うことを目的とする保険制度

②業務上の事由または通勤により負傷し、または疾病にかかった労働者の「社会復帰の促進」（社会復帰促進等事業）、「労働者及びその遺族の援護」「安全及び衛生の確保」を目的とし、労働者の福祉の増進に寄与することを最大の目的としている。

●社会復帰の促進

●労働者および遺族の援護

●安全および衛生の確保

（2）保険者　国（政府）

（3）適用事業
　　・基本的に労働者を使用しているすべての事業が強制加入となっている。
　　・労災保険の保険関係は、その事業が開始された当日に成立する。

（4）適用除外
　国家公務員災害補償法、地方公務員災害補償法等の適用を受ける場合は労働者災害補償保険には加入できない。
　　①国の直営事業：（3現業）国有林野、印刷、造幣
　　②非現業の官公署の事業（ただし、地方公務員で現業部門の非常勤職員は労災保険の適用）

●暫定任意適用事業

（5）暫定任意適用事業
　災害が発生することが少なく、事業規模も小規模なため、労災保険への加入が事業主または労働者の意思に任される事業。ただし、労働者の過半数が希望するときは、任意加入しなければならない。
　　①農業：常時5人未満の労働者を使用する個人経営の事業は、加入が任意。ただし、一定の危険または有害な作業を主として行う事業や事業主が特別加入している事業については強制加入
　　②林業：常時労働者を使用せず、かつ、年間使用延べ労働者数が300人未満である個人経営の事業
　　③水産業：常時5人未満の労働者を使用する個人経営の事業であって、総トン数が5トン未満の漁船のもの。または災害発生のおそれが少ない河川・湖沼または特定の水面で主に操業するもの。

（6）適用労働者
　適用事業に使用される労働者
　　＊加入は事業所単位
　　＊アルバイト、パートタイマー、派遣労働者であっても労災保険の適用を受ける。
　　＊自営業者、同居の親族、法人の代表者・役員等については労

災保険の適用を受けない。ただし自営業者は労災保険に特別加入できる。

(7) 保険料

賃金総額に対し事業の種類に応じた割合で使用者の掛金率が定められている。国も負担する。

＊徴収事務は厚生労働省労働基準局、都道府県労働局で取り扱う。

(8) 給付

給付基礎日額＝　a　÷　b

　　　　a：算定事由発生日以前 3 カ月間に支払われた賃金の総額

　　　　b：総日数

＊給付基礎日額が最低補償額より低い場合は、最低補償額まで引き上げられる。

●休業給付基礎日額
●年金給付基礎日額

＊給付基礎日額を基礎として、休業給付基礎日額、年金給付基礎日額を決定するが、それぞれ平均給与額によって変動（スライド制）する。また、年齢に応じて最低・最高限度額が定められている。

◆給付の種類

●療養補償給付

①負傷・疾病に対する給付：療養補償給付、休業補償給付、休業特別支給金

●休業補償給付

●休業特別支給金

●障害補償年金

②障害に対する給付：障害補償年金、障害特別年金と一時金の支給

●障害特別年金

●遺族補償年金

③遺族に対する給付：遺族補償年金と一時金の支給

●介護補償給付

④その他の給付：介護補償給付、葬祭料の支給

●葬祭料

② 公的扶助

【1】生活保護制度（生活保護法）……………………

●生活保護制度

●生存権の保障

（1）生活保護制度の目的・定義

　憲法第25条（生存権の保障）を具体化したもので、生活に困窮するすべての国民に対し、その困窮の程度に応じて必要な保護を行い、健康で文化的な最低限度の生活を保障するとともに、その自立を助長するための制度（国家責任の原理）。

　　◆生活保護の要件

　　　　生活保護は原則世帯単位で行い、世帯員全員が、その利用し得る資産・能力その他あらゆるものを、その最低限度の生活の維持のために活用することが前提であり、また扶養義務者の扶養は生活保護法による保護に優先する（保護の補足性の原理）。

●生活保護基準

　　◆生活保護によって保障される生活水準（生活保護基準）は、被保護者の年齢、世帯構成、居住地等によって異なり、国が定めている。

　　◆生活保護基準は毎年改定される。

　　◆生活保護の基本四原理

●生活保護の基本四原理

●国家責任の原理

●無差別平等の原理

●最低生活の原理

●保護の補足性の原理

1）**国家責任の原理**

2）**無差別平等の原理**：すべての国民は、この法律の定める要件を満たす限り、保護を無差別平等に受けることができる。

3）**最低生活の原理**：保障される生活は、健康で文化的な生活水準を維持することができるものでなければならい。

4）**保護の補足性の原理**：その利用し得る資産、能力その他あらゆるものを、その最低限度の生活の維持のために活用することを要件として行われる。民法に定める扶養義務者の扶養が生活保護法による保護に優先して行われる。

●扶養義務者

　　◆扶養義務者

　　・「直系血族及び兄弟姉妹は、互いに扶養する義務がある」（民法

877 条第 1 項)

・「家庭裁判所は、特別の事情があるときは、前項に規定する場合のほか、三親等内の親族間においても扶養の義務を負わせることができる」(民法 877 条第 2 項)

＊直系血族：両親、祖父母、子、孫など

＊絶対的扶養義務者：直系血族および兄弟姉妹

＊相対的扶養義務者：家庭裁判所で扶養義務が決定された三親等内の親族

◆生活保護費の推移

2012 年度	3 兆 6,028 億円
2013 年度	3 兆 6,314 億円
2014 年度	3 兆 6,746 億円
2015 年度	3 兆 6,977 億円
2016 年度	3 兆 7,849 億円
2017 年度	3 兆 8,404 億円（予算ベース）

＊生活保護受給者は 2015 年 3 月をピークに減少に転じ、2017（平成 29）年 2 月の受給世帯は 163 万 8,944 世帯、受給者数は 214 万 1,881 人

◆生活保護費の総額および扶助の種別の構成（2015 年度）

総額　3 兆 6,977 億円

生活扶助	1 兆 1,972 億円（32.4％）
住宅扶助	5,992 億円（16.2％）
医療扶助	1 兆 7,785 億円（48.1％）
介護扶助	832 億円（ 2.2％）
その他	397 億円（ 1.1％）

◆生活保護費の負担割合

国　3/4　　　　地方　1/4

(2) 生活保護の種類（扶助の種類）と内容

生活を営む上で必要な各種費用に対応して扶助が支給される。

種　類	生活を営む上で生じる費用	支給内容
①生活扶助	日常生活に必要な費用（食費・被服費・光熱費等）	基準額は ⅰ）食費等の個人的費用 ⅱ）光熱水費等の世帯共通費用を合算して算出 ＊特定の世帯には加算がある。（母子加算等）

②住宅扶助	アパート等の家賃	定められた範囲内で実費を支給
③教育扶助	義務教育を受けるために必要な学用品費	定められた基準額を支給
④医療扶助	医療サービスの費用	費用は直接医療機関へ支払う（本人負担なし）
⑤介護扶助	介護サービスの費用	費用は直接介護事業者へ支払う（本人負担なし）
⑥出産扶助	出産費用	定められた範囲内で実費を支給
⑦生業扶助	就労に必要な技能の習得等にかかる費用	定められた範囲内で実費を支給
⑧葬祭扶助	葬祭費用	定められた範囲内で実費を支給

(3) 生活保護の手続きの流れ

●福祉事務所

①事前の相談

　生活保護制度の利用を希望する場合は、居住地を所管する福祉事務所の生活保護担当から、生活保護制度の説明を受け、生活福祉資金、各種社会保障施策等の活用について検討する。

⇩

②生活保護の申請

　居住地を所管する福祉事務所に生活保護を申請すると、保護決定のために次のような調査を受ける。
ⅰ）生活状況等を把握するための実地調査（家庭訪問等）
ⅱ）預貯金、保険、不動産等の資産調査
ⅲ）扶養義務者による扶養（仕送り等の援助）の可否の調査
ⅳ）年金等の社会保障給付、就労収入等の調査
ⅴ）就労の可能性の調査

⇩

	厚生労働大臣が定める基準に基づき、最低生活費から収入（年金や就労収入等）を引いた額を保護費として毎月支給される。 ＊生活保護の受給中は、収入の状況を毎月申告する。 ＊世帯の実態に応じて、福祉事務所のケースワーカーによる年数回の訪問調査を受ける。 ＊就労の可能性のある場合は、就労に向けた助言・指導を受ける。
③保護費の支給	

【2】 生活保護制度の医療扶助 ･･･････････････････････

● 医療扶助

　　困窮のため最低限度の生活を維持することのできない者に対して、医療扶助として医療を提供。

　◆医療扶助費は総額で約 1.78 兆円（2015 年度）。生活保護費全体の約 47％を占める。

　◆医療扶助人員については、入院のうち精神入院が約 5 割を占める。

（1）医療扶助の対象者

　1）生活保護受給者は、国民健康保険の被保険者から除外されているため、ほとんどの生活保護受給者の医療費はその全額を医療扶助で負担される。

　2）ただし、①障害者総合支援法等の公費負担医療が適用される者や、②被用者保険の被保険者または被扶養者については各制度において給付されない部分が医療扶助の給付対象となる。

　＊被保護者の被用者保険加入率は 2.4％（2006 年被保護者全国一斉調査）

（2）医療扶助の範囲・方法

　1）医療扶助の範囲

　　①診察　　　　②薬剤または治療材料

③医学的処置、手術およびその他の治療並びに施術

④居宅における療養上の管理およびその療養に伴う世話その他の看護

⑤病院または診療所への入院およびその療養に伴う世話その他の看護　　⑥移送

2）医療扶助の方法

●現物給付

原則として、<u>現物給付</u>

（3）指定医療機関、診療方針、診療報酬

1）医療扶助による医療の給付は、生活保護法の指定を受けた医療機関等に委託して実施

2）指定医療機関の診療方針および診療報酬は、別に定める場合を除き、国民健康保険の例による。

＊医療扶助指定医療機関：国営医療機関は厚生労働大臣、その他の医療機関は開設者の申請により都道府県知事が指定する。

▶医療扶助の現状

1）医療扶助人員数、医療扶助費の状況

　生活保護受給者の約8割が医療扶助を受け、その費用は生活保護費全体の約5割を占めている。

	被保護実人員　A	医療扶助人員			医療扶助率 B/A	医療扶助費 総　額	生活保護費のうち医療扶助費の占める割合
		総数　B	入院	入院外			
2015（平成27）年度	人 2,163,685	人 1,775,997	人 116,279	人 1,659,718	％ 82.1	億円 17,854	％ 48.1

注：被保護者実人員・医療扶助人員は、それぞれ、毎月の生活保護を受給している人員、医療扶助を受給している人員を足し上げて12で除した数（1カ月平均）を計上（被保護者調査より）
　　医療扶助費は、各年度の医療扶助に要した実績費用の総額を計上（生活保護費負担金事業実績報告より）

2）診療種別の状況

　医療扶助費のうち、入院が約6割程度を占めている。

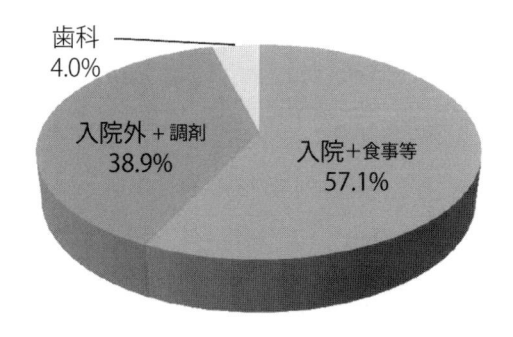

歯科
4.0%

入院外＋調剤
38.9%

入院＋食事等
57.1%

3）年齢階級別の状況

60 歳以上の受診費用が 7 割程度を占めている。

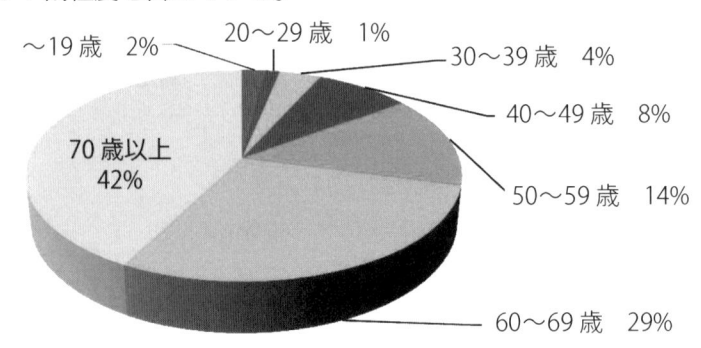

4）傷病分類別の状況

精神関連疾患及び循環器系疾患の割合が高い。

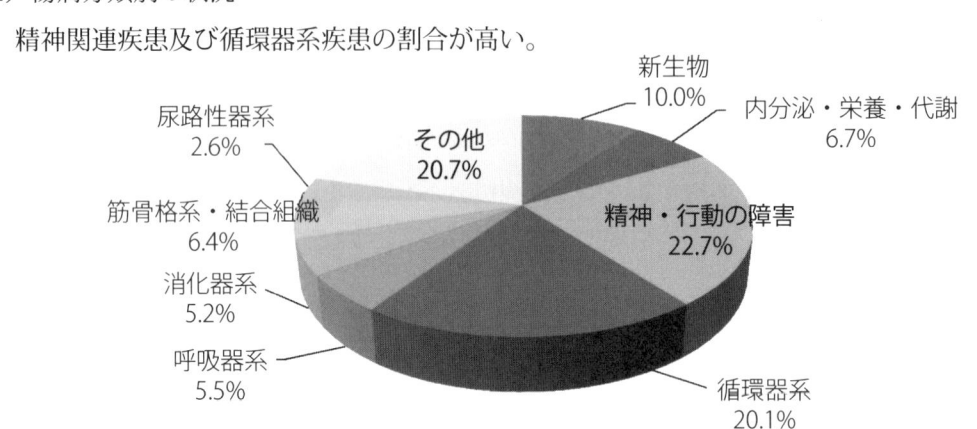

［資料］平成 24 年度被保護者調査、平成 24 年医療扶助実態調査、平成 24 年度生活保護費負担金事業実績報告、平成 24 年度医療給付実態調査
出所：第 1 回生活保護受給者の健康管理の在り方に関する研究会　厚生労働省社会・援護局保護課作成資料（平成 26 年 9 月 8 日）

【3】生活福祉資金貸付制度 ·····························

●生活福祉資金貸付制度

（1）対象者

①低所得世帯：必要な資金を他から借り受けることが困難な世帯（市町村民税非課税程度）
②障害者世帯：身体障害者手帳、療育手帳、精神障害者保健福祉手帳の交付を受けた者の属する世帯
③高齢者世帯：日常生活上介護を要する 65 歳以上の高齢者の属する世帯
④失業者世帯

＊世帯単位にそれぞれの世帯の状況と必要に合わせた資金を貸付

（2）実施主体

　　都道府県社会福祉協議会が実施主体で、市町村社会福祉協議会が窓口

（3）申込方法

　　「民生委員」⇒「市町村社会福祉協議会」⇒「都道府県社会福祉協議会」（貸付決定）

（4）生活福祉資金の種類

①総合支援資金	生活支援費・住宅入居費・一時生活再建費
②福祉資金	福祉費・緊急小口資金
③教育支援資金	教育支援費・就学支度費
④不動産担保型生活資金	不動産担保型生活資金（低所得の高齢者世帯） 要保護世帯向け不動産担保型生活資金

＊連帯保証人を立てる場合は無利子

＊連帯保証人がなくても低利子（年 1.5％）

◆「臨時特例つなぎ資金」貸付制度（2009 年 10 月創設）

　　失業給付等を申請している住居のない離職者に対して、当面の生活費を貸し付けるもの。

　＊貸付上限額は 10 万円以内　　＊連帯保証人は不要

　＊無利子　　＊生活福祉資金とは別

【4】生活保護制度見直しの流れ　…………………

◆生活保護法の一部を改正する法律の概要

　　　　　（2014 年 7 月 1 日施行、一部 2014 年 1 月 1 日施行）

1）就労による自立の推進

　安定した職業に就くことにより保護からの脱却を促すための給付金を創設する。

2）健康・生活面等に着目した支援

　受給者それぞれの状況に応じた自立に向けての基礎となる、自ら、健康の保持及び増進に努め、また、収入、支出その他生計の状況を

適切に把握することを受給者の責務として位置づける。

（2014 年 1 月 1 日施行）

3）不正・不適正受給対策の強化等

①福祉事務所の調査権限を拡大する（就労活動等に関する事項を調査可能とするとともに、官公署の回答義務を創設する。）。

②罰則の引上げ及び不正受給に係る返還金の上乗せをする。

③不正受給に係る返還金について、本人の事前申出を前提に保護費と相殺する。

④福祉事務所が必要と認めた場合には、その必要な限度で、扶養義務者に対して報告するよう求めることとする。

4）医療扶助の適正化

①指定医療機関制度について、指定（取消）に係る要件を明確化するとともに、指定の更新制を導入する。

②医師が後発医薬品の使用を認めている場合には、受給者に対し後発医薬品の使用を促すこととする。（2014 年 1 月 1 日施行）

③国（地方厚生局）による医療機関への直接の指導を可能とする。

●生活困窮者自立支援制度

◆生活困窮者自立支援制度の創設

近年の社会経済構造の変化に対応し、生活保護受給者以外の生活困窮者への支援を強化し、保護受給に至る前の段階で自立の促進を図る制度。（根拠法：生活困窮者自立支援法、2013 年 12 月成立、2015 年 4 月 1 日施行）

▶第 2 のセーフティネット拡充のイメージ

●求職者支援制度

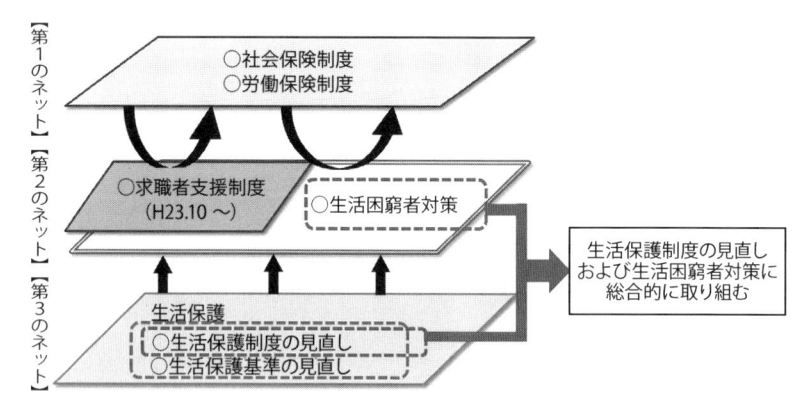

出所：厚生労働省「自立相談支援事業の手引き」より

③ 公衆衛生および医療

【1】 概　要 ……………………………………………………

1 予防

感染症法、予防接種法、検疫法、地域保健法、健康増進法、母子保健法、学校保健安全法、労働安全衛生法、歯科口腔保健の推進に関する法律、など

●健康増進法

> ○健康増進法
>
> 　健康日本 21 を中核とする国民の健康づくり・疾病予防をさらに積極的に推進するための法的基盤として、2002 年 8 月に公布され、2003 年 5 月に施行された法律。健康増進法の施行により廃止された栄養改善法の内容を含むが、それ以上に国民の健康増進の総合的な推進を図る法律となっている。

●地域保健法

> ○地域保健法
>
> 　わが国の地域保健対策の基本指針とその中核となる保健所、市町村保健センターの設置について定める法律
>
> ★ 1994 年に保健所法が地域保健法に改められ、都道府県と市町村の役割が見直され、市町村は住民への身近な保健サービスの提供、都道府県は広域的、専門的、技術的な対応をすることとなった。
> 　＊健康相談・保健指導・栄養指導・健康診査
>
> ★（地域保険法第 21 条）都道府県は、地域保健対策の実施にあたり、人材の確保または資質の向上を支援する必要がある町村について、町村の申出に基づき地域保健対策を円滑に実施するための人材確保支援計画を定める。

●母子保健法

> ○母子保健法
>
> 　母性ならびに乳幼児の健康の保持及び増進を図るため、母子保健に関する原理を明らかにし、母性ならびに乳幼児に対する保健指導、健

康診査、医務その他の措置を講じるための法律。

※未熟児訪問指導の実施主体は、2013 年 4 月 1 日より保健所から市町村へ

●学校保健安全法

○**学校保健安全法**（2009 年 4 月 1 日学校保健法から改題）

学校において

①幼児、児童、生徒、学生および職員の健康保持増進を図るため、学校における保健管理に関し必要な事項を定める。

※学校歯科医は非常勤の学校保健関係職員

②教育活動が安全な環境において実施され、児童生徒等の安全の確保が図られるよう、学校における安全管理に関し必要な事項を定める。

これにより学校教育の円滑な実施とその成果の確保に資することを目的とする法律。

●労働安全衛生法

○**労働安全衛生法**

労働災害の防止のための危害防止基準の確立、責任体制の明確化など、労働災害の防止に関する総合的・計画的な対策を推進することにより、職場における労働者の安全と健康を確保することを目的とした法律。

※① 50 人以上の労働者を使用する事業所毎に衛生管理者・産業医を選任する。

＊ 50 人未満の小規模事業所⇒地域産業保健センターを活用

②有害業務従事労働者は 6 カ月以内毎に 1 回、定期的な医師・歯科医師による健康診断を行わなければならない。

＊特殊歯科健康診断（塩酸、硝酸、硫酸、亜硫酸、フッ化水素、黄リン）

●歯科口腔保健法

○**歯科口腔保健の推進に関する法律（歯科口腔保健法）**

2011 年 8 月 10 日公布

（基本理念）

①国民が、生涯にわたって日常生活において歯科疾患の予防に向けた取り組みを行うとともに、歯科疾患を早期に発見し、早期に治療を受けることを促進

②乳幼児期から高齢期までのそれぞれの時期における口腔とその機能の状態および歯科疾患の特性に応じて、適切かつ効果的に歯科口腔保健を推進

③保健、医療、社会福祉、労働衛生、教育その他の関連施設の有機的な連携を図りつつ、その関係者の協力を得て、総合的に歯科口腔保健を促進

※①国および地方公共団体、②歯科医師、歯科衛生士等、③国民の健康の保持増進のために必要な事業を行うもの、④国民に対しそれぞれの責務を規定している。

<健康診断（健康診査）を規定する法律>

●母子保健法の健診

○母子保健法の健診

1歳6カ月時健康診査、3歳児健康診査

★妊産婦の健康診査の義務付けはないが、市町村で母子保健事業として行う。

●学校保健安全法の健診

○学校保健安全法の健診

就学時健康診査、定期健康診断、臨時健康診断

●高齢者の医療の確保に関する法律の健診

○高齢者の医療の確保に関する法律の健診

特定健康診査（内臓脂肪症候群）と特定保健指導

●健康増進法の健診

○健康増進法の健診

健康診査、歯周疾患検診、骨粗しょう症検診（女性のみ）、肝炎ウイルス検診、がん検診

●労働安全衛生法の健診

○労働安全衛生法の健診

雇入れ時健康診断、定期健康診断、特殊健康診断

★歯科医師の健康診査の義務付けは「酸のミストが発生する環境下で働く労働者（酸取扱い業務従事者）に対してのみ。

⇒労働安全衛生法第66条第3項

●トータル・ヘルスプロモーション・プラン

※トータル・ヘルスプロモーション・プラン

(Total Health Promotion Plan)［THP］

厚労省の策定した「事業場における労働者の健康保持増進のための指針」にそって実施されるすべての働く人を対象とした総合的な「心と体の健康づくり運動」のこと。

⇒1988年の労働安全衛生法の改正により企業の努力義務として導入

2　医療供給一般

感染症法、母子保健法（養育医療）、児童福祉法（療育の給付）、精神保健および精神障害者福祉に関する法律、肝炎治療特別促進事業など

3　生活環境保全対策

水道法、下水道法、廃棄物処理および清掃に関する法律、食品衛生法など

●廃棄物処理法

> 「廃棄物の処理及び清掃に関する法律」＜廃棄物処理法＞
>
> ■廃棄物
>
> 　①一般廃棄物⇒家庭より日常生活から排出⇒処理責任は市町村
>
> 　②産業廃棄物⇒企業や医療機関などが行う事業活動に伴って排出
>
> 　　⇒処理責任は個々の事業者
>
> 　★病院・診療所をはじめ医療機関には、診療で生じるさまざまな廃棄物を自らの責任で適正に処理することが義務づけられている。
>
> ■感染性廃棄物：血液や体液が付着した物、鋭利な医療器具や樹脂製器具など感染の恐れのある廃棄物
>
> 　　⇒「特別管理廃棄物」の１つ
>
> 　★感染性廃棄物は発生時点から分別
>
> 　★在宅医療廃棄物は医療関係者が持ち帰り、あるいは患者・家族が医療機関に持ち込み、感染性廃棄物として処理することが望ましい。

●感染性廃棄物

●特別管理廃棄物

【2】公衆衛生・医療・社会福祉の考え方の変遷……

1　公衆衛生⇒保健医療⇒保健医療福祉

予防は公衆衛生で、医療（治療）は病院・診療所で行う時代

⇩

●保健医療

保健活動が健康増進と発病前の疾病予防だけでなく、発病後の疾病の増悪の予防、リハビリテーションまでを含む活動へと拡大。（保健医療）

⇩

●保健医療福祉

保健医療に福祉サービスをも包括して、保健・医療・福祉一連の活動の中で進めていく時代。（保健医療福祉）

2　疾病予防対策から生活の質の向上

● Quality of Life

以前は行政や専門家が住民に命令や指示をするトップダウン方式により、感染症予防を中心に全国画一的な対策で公衆衛生が進められていたが、今日の保健活動は生活環境と生活習慣を改善して疾病を予防し、さらに栄養、運動、休養をはじめとする健康づくり、QOL（Quality of Life：質の高い豊かな生活）を求める活動へと変化している。このため、住民の主体的な意思による活動を支援していくボトムアップ方式で進める立場に立っている。そのため、保健活動における担い手と受け手との信頼関係の構築が大切である。

＊口腔保険活動も、生活環境と生活習慣の改善により、う蝕・歯周病などの疾病予防活動にとどまらず、すべての人々の咀嚼をはじめとする口腔の機能を増進させ、QOL を求める活動となっている。

3　個を生かし、生涯を通じた保健医療福祉

保健医療福祉は疾病を単位として妊産婦、幼児、生徒といった集団の特徴を集約して対処する、行政や専門職を中心とした一方向性の対応から、個人の多様な生活形態やニーズに配慮した、柔軟でQOL を重視した対応へと変化している。このため、学校や職場と

いった集団を単位とする活動から、地域や家庭における個人がそれぞれの状態や状況にあわせて、生涯を通じて連続性をもって進めることができる保健医療福祉活動へと変化している。

●保健医療福祉活動

【3】 主な保健事業等 ··

1 健康増進事業など

（1）健康増進事業（健康増進法）

●健康増進事業

事業	概要	対象	実施主体
①健康手帳の交付	健康管理と適切な医療の確保	40歳以上65歳未満 ＊65歳以上は、介護保険で同様のサービス	市町村
②健康教育	心身の健康知識の普及啓発		
③健康相談	心身の健康の相談、指導、助言		
④機能訓練	心身の機能の維持回復、自立		
⑤訪問指導	療養上の保健指導（保健師）		
⑥検診	がん検診、歯周疾患検診、骨粗しょう症検診、肝炎ウイルス検診	40歳以上	

（2）健康診査（高齢者の医療の確保に関する法律）

●健康診査

	対象者	実施主体	根拠法	目的
特定健康診査（義務）	40歳以上75歳未満（医療保険加入者）	医療保険者	高齢者の医療の確保に関する法律	メタボリックシンドローム（内臓脂肪症候群）対策
健康診査（努力義務）	75歳以上（後期高齢者医療被保険者）	後期高齢者医療広域連合		

●健康増進法　　　　　◆健康増進法

1）策定の目標

「健康日本 21」を中核とする国民の健康づくりなどを積極的に推進するため 2003 年に施行された。「健康日本 21」は健康増進法第 7 条第一項の規定に基づき、2012 年 7 月に改正され、「健康日本 21（第二次）」（二十一世紀における第二次国民健康づくり運動）が策定され、2013 年 4 月 1 日より適用された。

2）規定内容

①都道府県、市町村における健康増進計画の策定

②健康診査の実施などに関する指針の作成

③保健指導、特定給食施設、受動喫煙の防止など

＜健康日本 21（第二次）の基本的方向と目標＞

＊ 2013（平成 25）年度から 2022（平成 34）年度までの「二十一世紀における第二次国民健康づくり運動」（「健康日本 21」（第二次）・平成 25 年 4 月 1 日から適用）の基本的方向で示された項目と目標値

【1】健康寿命の延伸と健康格差の縮小の実現に関する目標

項目	現状	目標
①健康寿命[*1]の延伸（日常生活に制限のない期間の平均の延伸）	男性　70.42 年 女性　73.62 年 （平成 22 年）	平均寿命の増加分を上回る健康寿命の増加 （平成 34 年度）
②健康格差[*2]の縮小（日常生活に制限のない期間の平均の都道府県格差の縮小）	男性　2.79 年 女性　2.95 年 （平成 22 年）	都道府県格差の縮小 （平成 34 年度）

＊ 1　健康寿命：健康上の問題で日常生活が制限されることなく生活できる期間

＊ 2　健康格差：地域や社会経済状況の違いによる集団間の健康状態の差

（注）上記①の目標を実現するに当たっては、「日常生活に制限のない期間の平均」のみならず、「自分が健康であると自覚している期間の平均」についても留意することとする。　また、上記②の目標を実現するに当たっては、健康寿命の最も長い都道府県の数値を目標として、各都道府県において健康寿命の延伸を図るよう取り組むものである。

【2】主要な生活習慣病の発症予防と重症化予防（非感染性疾患（Non-Communicable Diseases：NCD）の予防）の徹底に関する目標

（1）がん

項目	現状	目標
① 75 歳未満のがんの年齢調整死亡率の減少（10 万人当たり）	84.3 （平成 22 年）	73.9 （平成 27 年）
②がん検診の受診率の向上	・胃がん　　男性　36.6% 　　　　　　女性　28.3% ・肺がん　　男性　26.4% 　　　　　　女性　23.0% ・大腸がん　男性　28.1% 　　　　　　女性　23.9% （女性） ・子宮頸がん　　37.7% ・乳がん　　　　39.1% （平成 22 年）	50% ＊胃がん、肺がん、大腸がんは当面 40% （平成 28 年）

（注）がん検診の受診率の算定に当たっては、40 歳から 69 歳まで（子宮頸がんは 20 歳から 69 歳まで）を対象とする。

(2) 循環器疾患

項目	現状	目標
①脳血管疾患・虚血性心疾患の年齢調整死亡率の減少（10万人当たり）	・脳血管疾患 　　男性　49.5 　　女性　26.9 ・虚血性心疾患 　　男性　36.9 　　女性　15.3 （平成22年）	・脳血管疾患 　　男性　41.6 　　女性　24.7 ・虚血性心疾患 　　男性　31.8 　　女性　13.7 （平成34年度）
②高血圧の改善（収縮期血圧の平均値の低下）	男性　138mmHg 女性　133mmHg （平成22年）	男性　134mmHg 女性　129mmHg （平成34年度）
③脂質異常症の減少	・総コレステロール 240mg/dL以上の者の割合 　　男性　13.8% 　　女性　22.0% ・ＬＤＬコレステロール 160mg/dL以上の者の割合 　　男性　8.3% 　　女性　11.7% （平成22年）	・総コレステロール 240mg/dL以上の者の割合 　　男性　10% 　　女性　17% ・ＬＤＬコレステロール 160mg/dL以上の者の割合 　　男性　6.2% 　　女性　8.8% （平成34年度）
④メタボリックシンドロームの該当者及び予備群の減少	1,400万人 （平成20年度）	平成20年度と比べて 25%減少 （平成27年度）
⑤特定健康診査・特定保健指導の実施率の向上	・特定健康診査の実施率 41.3% ・特定保健指導の実施率 12.3% （平成21年度）	平成25年度から開始する 第2期医療費適正化計画に 合わせて設定 （平成29年度）

(3) 糖尿病

項目	現状	目標
①合併症（糖尿病腎症による年間新規透析導入患者数）の減少	16,247人 （平成22年）	15,000人 （平成34年度）
②治療継続者の割合の増加	63.7% （平成22年）	75% （平成34年度）
③血糖コントロール指標におけるコントロール不良者の割合の減少（HbA1cがJDS値8.0%（NGSP値8.4%）以上の者の割合	1.2% （平成21年度）	1.0% （平成34年度）
④糖尿病有病者の増加の抑制	890万人 （平成19年）	1,000万人 （平成34年度）
⑤メタボリックシンドロームの該当者	1,400万人 （平成20年度）	平成20年度と比べて 25%減少 （平成27年度）
⑥特定健康診査・特定保健指導の実施率の向上	・特定健康診査の実施率 41.3% ・特定保健指導の実施率 12.3% （平成21年度）	平成25年度から開始する 第2期医療費適正化計画に 合わせて設定 （平成29年度）

(4) COPD（慢性閉塞性肺疾患）

項目	現状	目標
①ＣＯＰＤの認知度の向上	25% （平成23年度）	80% （平成34年度）

【3】社会生活を営むために必要な機能の維持・向上に関する目標

(1) こころの健康

項目	現状	目標
①自殺者の減少（人口 10 万当り）	23.4 （平成 22 年）	自殺総合対策大綱の見直しの状況を踏まえて設定
②気分障害・不安障害に相当する心理的苦痛を感じている者の割合の減少	10.4% （平成 22 年）	9.4% （平成 34 年度）
③メンタルヘルスに関する措置を受けられる職場の割合の増加	33.6% （平成 19 年）	100% （平成 32 年）
④小児人口 10 万人当たりの小児科医・児童精神科医師の割合の増加	・小児科医　　　94.4 　（平成 22 年） ・児童精神科医　10.6 　（平成 21 年）	増加傾向へ （平成 26 年）

(2) 次世代の健康

項目	現状	目標
①健康な生活習慣（栄養・食生活、運動）を有する子供の割合の増加		
ア　朝・昼・夕の三食を必ず食べることに気をつけて食事をしている子どもの割合の増加	小学 5 年生 89.4% （平成 22 年度）	100%に近づける （平成 34 年度）
イ　運動やスポーツを習慣的にしている子どもの割合の増加	（参考値）週に 3 日以上 小学 5 年生 　　男子　61.5% 　　女子　35.9% （平成 22 年）	増加傾向へ （平成 34 年度）
②適正体重の子どもの増加		
ア　全出生数中の低出生体重児の割合の減少	9.6% （平成 22 年）	減少傾向へ （平成 26 年度）
イ　肥満傾向にある子どもの割合の減少	小学 5 年生の中等度・高度肥満傾向児の割合 　　男子　4.60% 　　女子　3.39% （平成 23 年）	減少傾向へ （平成 26 年度）

(3) 高齢者の健康

項目	現状	目標
①介護保険サービス利用者の増加の抑制	452 万人 （平成 24 年度）	657 万人 （平成 37 年度）
②認知機能低下ハイリスク高齢者の把握率の向上	0.9% （平成 21 年）	10% （平成 34 年度）
③ロコモティブシンドローム（運動器症候群）を認知している国民の割合の増加	（参考値）17.3% （平成 24 年）	80% （平成 34 年度）
④低栄養傾向（BMI 20 以下）の高齢者の割合の増加の抑制	17.4% （平成 22 年）	22% （平成 34 年度）
⑤足腰に痛みのある高齢者の割合の減少（1,000 人当たり）	男性　218 人 女性　291 人 （平成 22 年）	男性　200 人 女性　260 人 （平成 34 年度）
⑥高齢者の社会参加の促進（就業又は何らかの地域活動をしている高齢者の割合の増加）	（参考値）何らかの地域活動をしている高齢者の割合 　　男性　64.0% 　　女性　55.1% （平成 20 年）	80% （平成 34 年度）

(注) 上記①の目標については、社会保障・税一体改革大綱（平成 24 年 2 月 17 日閣議決定）の策定に当たって試算した結果に基づき設定したものである。

【4】健康を支え、守るための社会環境の整備に関する目標

項目	現状	目標
①地域のつながりの強化（居住地域でお互いに助け合っていると思う国民の割合の増加）	（参考値）自分と地域のつながりが強い方だと思う割合 45.7% （平成19年）	65% （平成34年度）
②健康づくりを目的とした活動に主体的に関わっている国民の割合の増加	（参考値）健康や医療サービスに関係したボランティア活動をしている割合 3.0% （平成18年）	25% （平成34年度）
③健康づくりに関する活動に取り組み、自発的に情報発信を行う企業登録数の増加	420社 （平成24年）	3,000社 （平成34年度）
④健康づくりに関して身近で専門的な支援・相談が受けられる民間団体の活動拠点数の増加	（参考値）民間団体から報告のあった活動拠点数 7,134 （平成24年）	15,000 （平成34年度）
⑤健康格差対策に取り組む自治体の増加（課題となる健康格差の実態を把握し、健康づくりが不利な集団への対策を実施している都道府県の数）	11都道府県 （平成24年）	47都道府県 （平成34年度）

【5】栄養・食生活、身体活動・運動、休養、飲酒、喫煙及び歯・口腔の健康に関する生活習慣及び社会環境の改善に関する目標

（1）栄養・食生活

項目	現状	目標
①適正体重を維持している者の増加 ＊肥満（BMI 25以上）、やせ（BMI 18.5未満）の減少	・20歳〜60歳代男性の肥満者の割合　31.2% ・40歳〜60歳代女性の肥満者の割合　22.2% ・20歳代女性のやせの者の割合　29.0% （平成22年）	・20歳〜60歳代男性の肥満者の割合　28% ・40歳〜60歳代女性の肥満者の割合　19% ・20歳代女性のやせの者の割合　20% （平成34年度）
②適切な量と質の食事をとる者の増加		
ア　主食・主菜・副菜を組み合わせた食事が1日2回以上の日がほぼ毎日の者の割合の増加	68.1% （平成23年）	80% （平成34年度）
イ　食塩摂取量の減少	10.6g （平成22年）	8g （平成34年度）
ウ　野菜と果物の摂取量の増加	・野菜摂取量の平均値　282g ・果物摂取量100g未満の者の割合　61.4% （平成22年）	・野菜摂取量の平均値　350g ・果物摂取量100g未満の者の割合　30% （平成34年度）
③共食の増加（食事を1人で食べる子どもの割合の減少）	・朝食　小学生　15.3% 　　　　中学生　33.7% ・夕食　小学生　2.2% 　　　　中学生　6.0% （平成22年）	減少傾向へ （平成34年度）
④食品中の食塩や脂肪の低減に取り組む食品企業及び飲食店の登録数の増加	・食品企業登録数　14社 ・飲食店登録数　17,284店舗 （平成24年）	・食品企業登録数　100社 ・飲食店登録数　30,000店舗 （平成34年度）

項目	現状	目標
⑤利用者に応じた食事の計画、調理及び栄養の評価、改善を実施している特定給食施設の割合の増加	（参考値）管理栄養士・栄養士を配置している施設の割合 70.5% （平成 22 年）	80% （平成 34 年度）

（2）身体活動・運動

項目	現状	目標
①日常生活における歩数の増加	・20 歳〜 64 歳 　　男性　7,841 歩 　　女性　6,883 歩 ・65 歳以上 　　男性　5,628 歩 　　女性　4,584 歩 （平成 22 年）	・20 歳〜 64 歳 　　男性　9,000 歩 　　女性　8,500 歩 ・65 歳以上 　　男性　7,000 歩 　　女性　6,000 歩 （平成 34 年度）
②運動習慣者の割合の増加	・20 歳〜 64 歳 　　男性　26.3% 　　女性　22.9% ・65 歳以上 　　男性　47.6% 　　女性　37.6% （平成 22 年）	・20 歳〜 64 歳 　　男性　36% 　　女性　33% ・65 歳以上 　　男性　58% 　　女性　48% （平成 34 年度）
③住民が運動しやすいまちづくり・環境整備に取り組む自治体数の増加	17 都道府県 （平成 24 年）	47 都道府県 （平成 34 年度）

（3）休養

項目	現状	目標
①睡眠による休養を十分とれていない者の割合の減少	18.4% （平成 21 年）	15% （平成 34 年度）
②週労働時間 60 時間以上の雇用者の割合の減少	9.3% （平成 23 年）	5.0% （平成 32 年）

（4）飲酒

項目	現状	目標
①生活習慣病のリスクを高める量を飲酒している者（1 日当たりの純アルコール摂取量が男性 40g 以上、女性 20g 以上の者）の割合の減少	男性　15.3% 女性　　7.5% （平成 22 年）	男性　13% 女性　6.4% （平成 34 年度）
②未成年者の飲酒をなくす	・中学 3 年生 　　男子　10.5% 　　女子　11.7% ・高校 3 年生 　　男子　21.7% 　　女子　19.9% （平成 22 年）	0% （平成 34 年度）
③妊娠中の飲酒をなくす	8.7% （平成 22 年）	0% （平成 26 年）

（5）喫煙

項目	現状	目標
①成人の喫煙率の減少（喫煙をやめたい者がやめる）	19.5% （平成 22 年）	12% （平成 34 年度）
②未成年者の飲酒をなくす	・中学 3 年生 　　男子　1.6% 　　女子　0.9% ・高校 3 年生 　　男子　8.6% 　　女子　3.8% （平成 22 年）	0% （平成 34 年度）

③妊娠中の喫煙をなくす	5.0% （平成 22 年）	0% （平成 26 年）
④受動喫煙（家庭・職場・飲食店・行政機関・ 医療機関）の機会を有する者の割合の減少	・行政機関　16.9% ・医療機関　13.3% 　（平成 20 年） ・職場　　　64% 　（平成 23 年） ・家庭　　　10.7% ・飲食店　　50.1% 　（平成 22 年）	・行政機関　　0% ・医療機関　　0% 　（平成 34 年度） ・職場 　受動喫煙の無い職場の実現 　（平成 32 年） ・家庭　　　3% ・飲食店　　15% 　（平成 34 年度）

（6）歯・口腔の健康

項目	現状	目標
①口腔機能の維持・向上（60 歳代における 咀嚼 良好者の割合の増加）	18.4% （平成 21 年）	15% （平成 34 年度）
②歯の喪失防止		
ア　80 歳で 20 歯以上の自分の歯を有す る者の割合の増加	25.0% （平成 17 年）	50% （平成 34 年度）
イ　60 歳で 24 歯以上の自分の歯を有す る者の割合の増加	60.2% （平成 17 年）	70% （平成 34 年度）
ウ　40 歳で喪失歯のない者の割合の増加	54.1% （平成 17 年）	75% （平成 34 年度）
③歯周病を有する者の割合の減少		
ア　20 歳代における歯肉に炎症所見を有 する者の割合の減少	31.7% （平成 21 年）	25% （平成 34 年度）
イ　40 歳代における進行した歯周炎を有 する者の割合の減少	37.3% （平成 17 年）	25% （平成 34 年度）
ウ　60 歳代における進行した歯周炎を有 する者の割合の減少	54.7% （平成 17 年）	45% （平成 34 年度）
④乳幼児・学齢期のう蝕のない者の増加		
ア　3 歳児でう蝕がない者の割合が 80% 以上である都道府県の増加	6 都道府県 （平成 21 年）	23 都道府県 （平成 34 年度）
イ　12 歳児の一人平均う歯数が 1.0 歯未 満である都道府県の増加	7 都道府県 （平成 23 年）	28 都道府県 （平成 34 年度）
⑤過去 1 年間に歯科検診を受診した者の割 合の増加	34.1% （平成 21 年）	65% （平成 34 年度）

2 母子保健（母子保健法）

①妊婦の届出：妊娠した人は、市町村長に妊娠の届出をするようにしなければならない。

②母子健康手帳の交付：市町村は、妊娠の届出をした人に、母子健康手帳を交付しなければならない。

●低体重児の届出

③低体重児の届出：体重が <u>2,500g 未満</u> の乳児が出生したときは、保護者は都道府県、保健所設置市等へ届け出なければならない。

④保健指導：妊産婦・配偶者・保護者に対し、妊娠、出産、育児に関し必要な保健指導を行う。

⑤訪問指導：新生児・妊産婦・未熟児などに対し、訪問して必要な保健指導を行う。

⑥健康診査

ⅰ）1歳6カ月児健康診査：市町村は、満1歳6カ月を超え満2歳に達しない幼児に健康診査を行う。

ⅱ）3歳児健康診査：市町村は、満3歳を超え満4歳に達しない幼児に健康診査を行う。

ⅲ）その他：市町村は、必要に応じ、妊産婦、乳児、幼児に対して、健康診査を行い、または健康診査を受けることを勧奨しなければならない。

⑦養育医療（詳細は p.133）

身体の発育が未熟なまま生まれ、入院を必要とする乳児が、指定医療機関において入院治療を受ける場合に、その治療に要する医療費を公費負担する制度。

【4】 主な公費負担医療 ·····································

1　感染症法	［地方自治体の条例に基づく公費負担制度］
2　児童福祉法	12　乳幼児医療費助成制度
3　障害者総合支援法（自立支援医療）	13　ひとり親家庭等医療費助成制度
4　小児慢性特定疾患治療研究事業	14　障害者医療費助成制度
5　母子保健法	15　後期高齢者福祉医療費給付制度
6　戦傷病者特別援護法	
7　原子爆弾被爆者に対する援護に関する法律	
8　精神保健及び精神障害者福祉に関する法律	
9　特定疾患治療研究事業	
10　先天性血液凝固因子障害等治療研究事業	
11　肝炎治療特別促進事業	

※この項の〈　〉内番号は法別番号を表す（一覧は p.143）。

1　感染症法（感染症の予防及び感染症の患者に対する医療に関する法律）

●感染症法

＊1998（平成 10）年 10 月 2 日公布、
1999（平成 11）年 4 月 1 日施行

＊従来の「伝染病予防法」「性病予防法」「後天性免疫不全症候群の予防に関する法律」は廃止された。

＊2006（平成 18）年 12 月 8 日公布、07（平成 19）年 4 月 1 日に施行された改正感染症法により、「結核予防法」（1951（昭和 26）年制定）が感染症法に統合された。

＊結核は感染症法による感染症の分類の 2 類感染症に分類された。

＊従来は感染症対策においては社会防衛という考え方が支配的であったが、現在は個人レベルにおける予防と医療の積み重ねの結果として、社会全体における感染症予防を達成するとの考え方。

＊事後対応型（発生してからの防疫措置）から事前対応型（平時から発生・拡大の防止につながる措置）へ移行している。

＊全額給付：〈29〉新感染症

＊医療保険優先（自己負担を公費負担）：〈28〉1・2 類感染症、〈10〉結核患者の適正医療、〈11〉結核患者の入院勧告（入院措置）

<感染症法による感染症の分類> 2015 年 5 月 21 日現在

● 1 類感染症

● 1 類感染症：

①エボラ出血熱　　　　　　　②クリミア・コンゴ出血熱

③痘そう（天疱瘡）　　　　　④南米出血熱

⑤ペスト　　　　　　　　　　⑥マールブルグ病

⑦ラッサ熱

● 2 類感染症

● 2 類感染症：

①急性灰白髄炎（ポリオ）　　②結核

③ジフテリア

④重症急性呼吸器症候群（病原体が SARS コロナウイルスであるものに限る）

⑤中東呼吸器症候群（病原体がベータコロナウイルス属 MERS コロナウイルスであるものに限る）

⑥鳥インフルエンザ（H5N1）　⑦鳥インフルエンザ（H7N9）

● 3 類感染症

● 3 類感染症：

①コレラ　　　　　　　　　　②細菌性赤痢

③腸管出血性大腸菌感染症　　④腸チフス

⑤パラチフス

● 4 類感染症：

● 4 類感染症

①E 型肝炎

②ウエストナイル熱（ウエストナイル脳炎を含む）

③A 型肝炎　　　　　　　　　④エキノコックス症

⑤黄熱　　　　　　　　　　　⑥オウム病

⑦オムスク出血熱　　　　　　⑧回帰熱

⑨キャサヌル森林病　　　　　⑩ Q 熱

⑪狂犬病　　　　　　　　　　⑫コクシジオイデス症

⑬サル痘

⑭重症熱性血小板減少症候群（病原体がフレボウイルス属 SFTS ウイルスであるものに限る）

⑮腎症候性出血熱　　　　　　⑯西部ウマ脳炎

⑰ダニ媒介脳炎　　　　　　　⑱炭疽

⑲チクングニア熱　　　　　　⑳つつが虫病

㉑デング熱　　　　　　　　　㉒東部ウマ脳炎

㉓鳥インフルエンザ（H5N1 および H7N9 を除く）

㉔ニパウイルス感染症　　　　㉕日本紅斑熱

㉖日本脳炎　　　　　　　　　㉗ハンタウイルス肺症候群

㉘ B ウイルス病　　㉙鼻疽
㉚ブルセラ症　　㉛ベネズエラウマ脳炎
㉜ヘンドラウイルス感染症　　㉝発しんチフス
㉞ボツリヌス症　　㉟マラリア
㊱野兎病　　㊲ライム病
㊳リッサウイルス感染症　　㊴リフトバレー熱
㊵類鼻疽　　㊶レジオネラ症
㊷レプトスピラ症　　㊸ロッキー山紅斑熱

●５類感染症

● 5 類感染症：

①アメーバ赤痢
②ウイルス性肝炎（E 型肝炎および A 型肝炎を除く）
③カルバペネム耐性腸内細菌科細菌感染症
④急性脳炎（ウエストナイル脳炎、西部ウマ脳炎、ダニ媒介性脳炎、東部ウマ脳炎、日本脳炎、ベネズエラウマ脳炎およびリフトバレー熱を除く）
⑤クリプトスポリジウム症　　⑥クロイツフェルト・ヤコブ病
⑦劇症型溶血性レンサ球菌感染症　⑧後天性免疫不全症候群
⑨ジアルジア症　　⑩侵襲性インフルエンザ菌感染症
⑪侵襲性髄膜炎菌感染症　　⑫侵襲性肺炎球菌感染症
⑬水痘（患者が入院を要すると認められるものに限る）
⑭先天性風しん症候群　　⑮梅毒
⑯播種性クリプトコックス症　　⑰破傷風
⑱バンコマイシン耐性黄色ブドウ球菌感染症
⑲バンコマイシン耐性腸球菌感染症
⑳風しん　　㉑麻しん
㉒薬剤耐性アシネトバクター感染症
㉓インフルエンザ（鳥インフルエンザおよび新型インフルエンザ等感染症を除く）
㉔ RS ウイルス感染症　　㉕咽頭結膜熱
㉖ A 群溶血性レンサ球菌咽頭炎　　㉗感染性胃腸炎
㉘水痘　　㉙手足口病
㉚伝染性紅斑　　㉛突発性発しん
㉜百日咳　　㉝ヘルパンギーナ
㉞流行性耳下腺炎　　㉟急性出血性結膜炎
㊱流行性角結膜炎
㊲クラミジア肺炎（オウム病を除く）

㊳細菌性髄膜炎（インフルエンザ菌、髄膜炎菌、肺炎球菌を原因として同定された場合を除く）

㊴マイコプラズマ肺炎　　　　㊵無菌性髄膜炎

㊶感染性胃腸炎（病原体がロタウイルスであるものに限る）

㊷性器クラミジア感染症　　　㊸性器ヘルペスウイルス感染症

㊹尖圭コンジローマ　　　　　㊺淋菌感染症

㊻ペニシリン耐性肺炎球菌感染症

㊼メチシリン耐性黄色ブドウ球菌感染症

㊽薬剤耐性緑膿菌感染症

●新型インフルエンザ
　等感染症

○新型インフルエンザ等感染症：新型インフルエンザ（新たに人から人に伝染する能力を有することとなったインフルエンザ）、再興型インフルエンザ（かつて世界的規模で流行したインフルエンザ）

●指定感染症

○指定感染症：すでに知られている感染性の疾患（1 ～ 3 類感染症を除く）で、国民の生命等に重大な影響を与えるおそれがあるものとして政令で定めた感染症⇒中東呼吸器症候群（MERS）

※ 2014 年 7 月 26 日より追加、鳥インフルエンザ（H7N9）など

●新感染症

○新感染症：未知の感染症で、疾病のまん延により国民の生命等に重大な影響を与えるおそれがあると認められる感染症

＜都道府県知事による措置＞

○健康診断：1 類感染症、2 類感染症、3 類感染症、新型インフルエンザ等感染症等の患者に対して健康診断の勧告ができる。

○就業制限：1 類感染症、2 類感染症、3 類感染症、新型インフルエンザ等感染症等のまん延を防止するため、特定の業務の就労制限を通知することができる。

○入院：1 類感染症、2 類感染症、指定感染症のまん延を防止するため、患者・保護者に対して指定医療機関に入院を勧告することができる。勧告に従わない場合は入院させることができる。

＜医療費の助成＞

○感染症医療費助成：入院の勧告・措置による入院患者に対して

公費負担を行う。

＊１類・２類感染症等：認定期間中の医療に要する費用を公費
負担（医療保険が優先する）。

＊新感染症：認定期間中の医療に要する費用を全額公費負担す
る（高所得者は一部負担がある）。

○結核医療費の助成：入院の勧告・措置による入院患者に対して
公費負担を行う。

＊入院勧告：入院勧告で入院した場合の結核医療費の全額が公
費負担される（高所得者は一部負担がある）。

＊一般医療：入院勧告以外の患者を対象とし、結核医療費の自
己負担額が５％になるように公費負担される。

2 児童福祉法

●療育医療

＜療育医療＞

＊医療保険優先：〈17〉療育医療（療育の給付）

＊ 18 歳未満の児童で、骨関節結核その他の結核にかかっている人
のうち、その治療のため医師が長期の入院が必要と認めた人が対
象

＊指定療育機関で行う結核の治療のうち、入院医療にかかる療育の
給付（医療給付）、学習に必要な物品（学習用品）、療養生活に必
要な物品（日用品）を支給する（所得に応じた自己負担が必要）。

＜小児慢性特定疾病医療費助成＞

⇒ 2014 年 5 月 23 日の「児童福祉法の一部を改正する法律」の成
立により、小児慢性特定疾病の児童等の自立を支援するための事

●小児慢性特定疾病対策

業が法定化され、小児慢性特定疾病対策として充実が図られた。
対象疾患は 2014 年 12 月末まで行われた小児慢性特定疾患治療
研究事業の対象 11 疾患群 514 疾患（受給者数約 11 万人★ 2012
年度）から、16 疾患群 756 疾病（受給者数約 15 万人）に拡大さ
れた（2018 年 4 月 1 日現在）。

●小児慢性特定疾病

＊小児慢性特定疾病とは、以下の要件をすべて満たすもので、厚生
労働大臣が定めるもの

①慢性に経過する疾病

②生命を長期に脅かす疾病

③症状や治療が長期にわたり生活の質を低下させる疾病

④長期にわたり高額な医療費負担が続く疾病

*医療保険優先：⟨52⟩

*保護者の所得や児童等の状態（重症認定基準や人工呼吸器等装着者認定基準に該当する場合）などに応じて自己負担が異なる。

*申請：都道府県または指定都市、中核市の窓口

(1) 対象者

- 18歳未満の児童（引き続き治療が必要であると認められる場合は20歳未満）
- 対象疾患に罹患し、保険診療による治療を受けている者で、疾患の状態が国の定める認定基準に該当する者

(2) 対象疾患：16疾患群756疾病

①悪性新生物　②慢性腎疾患　③慢性呼吸器疾患　④慢性心疾患

⑤内分泌疾患　⑥膠原病　⑦糖尿病　⑧先天性代謝異常

⑨血液疾患　⑩免疫疾患　⑪神経・筋疾患　⑫慢性消化器疾患

⑬染色体又は遺伝子に変化を伴う症候群　⑭皮膚疾患群

⑮骨系統疾患　⑯脈管系疾患

▶自己負担の上限額

小児慢性特定疾病の自己負担限度額（月額・円）

階層区分		階層区分の基準 （ ）内の数字は、夫婦2人子1人世帯の場合における年収の目安	患者負担割合：2割		
			自己負担上限額（外来＋入院）		
			原則		
			一般	重症※	人工呼吸器等装着者
I		生活保護	0	0	0
II	低所得I	市町村民税 非課税（世帯） 本人年収 〜80万円	1,250	1,250	500
III	低所得II	市町村民税 非課税（世帯） 本人年収 80万円超	2,500	2,500	
IV	一般所I	市町村民税 課税以上 7.1万円未満 （約200万円〜約430万円）	5,000	2,500	
V	一般所II	市町村民税 7.1万円以上25.1万円未満 （約430万円〜約850万円）	10,000	5,000	
VI	上位所得	市町村民税 25.1万円以上 （約850万円〜）	15,000	10,000	
入院時の食事療養費			1／2自己負担		

※「重症」とは、①高額な医療が長期的に継続する者（医療費が5万円/月を超える月が年間6回以上ある場合）
　　②重症患者基準に適合する者、のいずれかに該当

(3) 自立支援事業

　小児慢性特定疾病児童日常生活用具給付事業や相談支援事業等がある。

3　障害者総合支援法（自立支援医療）

●自立支援医療

＊医療保険優先：〈15〉更生医療〈16〉育成医療〈21〉精神通院医療

＊心身の障害を除去・軽減するための医療について、<u>医療費の自己負担額を軽減する公費負担医療制度</u>

＊申請：市町村（実施主体は更生医療については市町村、育成医療・精神通院医療ついては都道府県）

＊利用者負担は応能負担が原則

＜更生医療・育成医療＞

（1）対象者

　身体の障害を除去・軽減する手術等の治療により確実に効果が期待できる者が対象

●更生医療

●育成医療

更生医療	18歳以上（身体障害者手帳の交付を受けた者）が対象
育成医療	18歳未満が対象

（2）対象疾患・手術

①視覚障害	白内障（水晶体摘出手術）、網膜剥離（網膜剥離手術）など
②聴覚障害	鼓膜穿孔（穿孔閉鎖術）、外耳性難聴（形成術）など
③言語障害	外傷性または手術後に生じる発音構語障害（形成術）、口蓋裂等（形成術）など
④肢体不自由	関節拘縮、関節硬直（形成術・人工関節置換術等）、先天性股関節脱臼、脊柱側弯症など
⑤内部障害	ⅰ）心臓：先天性疾患（弁口、心室心房中隔に対する手術） ⅱ）腎臓：腎臓機能障害（人工透析療法、抗免疫療法を含む腎臓移植術）

	iii）肝臓：肝臓機能障害（抗免疫療法を含む肝臓移植術） iv）小腸：小腸機能障害（中心静脈栄養法） ⅴ）免疫：HIV による免疫機能障害（抗 HIV 療法、免疫調節療法）など

●精神通院医療

＜精神通院医療＞

（1）対象者

　精神障害に起因して生じた病態に対して入院しないで行われる医療（通院医療）が対象

（2）対象疾患

　統合失調症、気分障害、てんかん、神経症性障害、精神作用物質による精神・行動障害　など

4　母子保健法

●養育医療

＊医療保険優先：〈23〉養育医療

＊母子保健法第 20 条に基づき、身体の発育が未熟なまま生まれ、入院を必要とする乳児が指定医療機関において入院治療を受ける場合に、その治療に要する医療費を公費負担する（所得に応じた自己負担が必要）。

（1）対象

　以下のいずれかの症状に該当し、医師が入院養育を必要と認めた乳児

①出生時の体重が 2,000 g 以下 ②生活力が特に薄弱で、下記のいずれかの症状を示す乳児 　　ⅰ）一般状態： 　　　　○運動不安・けいれんがある者 　　　　○運動が異常に少ない者 　　ⅱ）体温：摂氏 34 度以下である者

　　　　iii）呼吸器・循環器系：
　　　　　　○強度のチアノーゼを持続する者、チアノーゼ発作を
　　　　　　　繰り返す者
　　　　　　○呼吸回数が毎分 50 を超えて増加の傾向にあるか、ま
　　　　　　　たは毎分 30 以下の者
　　　　　　○出血傾向の強い者
　　　　iv）消化器系：
　　　　　　○出生後 24 時間以上排便のない者
　　　　　　○出生後 48 時間以上嘔吐を持続する者
　　　　　　○血性吐物、血性便のある者
　　　　 v ）黄疸：生後数時間以内に現れるか、異常に強い黄疸の
　　　　　　あるもの

（2）給付範囲
　　①診察
　　②薬剤または治療材料の支給
　　③医学的処置、手術およびその他の治療
　　④食事
　　⑤病院または診療所への入院
　　⑥移送
　　　＊医療保険が適用されない治療費等（おむつ代、差額室料等）
　　　　は養育医療の対象外

（3）給付額
　　窓口での負担はないが、所得に応じた自己負担が後日請求される。

5　戦傷病者特別援護法

＊全額公費：〈13〉療養の給付〈14〉更生医療
＊軍人軍属等であった人が公務上傷病にかかり、一定の障害を有す
　る場合等に、「戦傷病者手帳」を交付して、療養の給付、補装具
　の支給、戦傷病者相談員による相談・指導等を行う。
＊戦傷病者手帳交付者数：約 10,463 人（2015 年度）

6 原子爆弾被爆者に対する援護に関する法律

* 医療保険優先（自己負担を公費負担）：〈18〉認定医療、〈19〉一般医療
* 原爆によって被害を受けた人に、「被爆者健康手帳」を交付し、医療の給付（一般医療、認定医療）や健康診断、各種手当（保険手当、健康管理手当、医療特別手当、介護手当等）の給付を行う。
* 医療保険の他、介護保険のサービスも対象
* 被爆者健康手帳所持者：15万4,859人（2017年3月末）

7 精神保健及び精神障害者福祉に関する法律

* 医療保険優先（自己負担を公費負担）：〈20〉措置入院（精29）

（1）入院形態

●措置入院

①措置入院
・自傷他害のおそれがあると認められる場合の入院措置
・2人以上の精神保健指定医の診察の一致が必要
　※急を要する場合は、1人の指定医の判断で、緊急措置入院（72時間が限度）の措置をとることができる。

●医療保護入院

②医療保護入院
・指定医の診察の結果、自傷他害のおそれはないが、入院が必要な患者について、本人の判断能力がなく入院の同意が得られない場合の入院措置
・保護者の同意が必要
　※応急入院：指定医の診察の結果、緊急を要し、保護者の同意がすぐに得られない場合は、72時間を限度に入院させることができる。なお、緊急やむを得ない場合は、「指定医以外」の医師の診察でも、12時間を限度に入院させることができる。

●任意入院

③任意入院：本人の同意による入院
　* 精神病床の入院患者（約29万人）のうち任意入院約53%、医療保護入院約45%、措置入院0.5%、その他の入院約0.6%。

（2014年、厚生労働省調べ）

135

(2) 保護者

　精神障害者については、その後見人または補佐人、配偶者、親権を行う者および扶養義務者が保護者となる。

＊保護者は精神障害者に治療を受けさせ、および精神障害者の財産上の利益を保護しなければならない。

(3) 退院制限

　「任意入院者」から退院の請求があった場合は、退院させなければならない。

＊指定医による診察の結果、入院を継続する必要がある場合は、72 時間に限り退院させないことができる。

＊緊急やむを得ない場合は、「指定医以外」の医師の診察でも、12 時間を限度に退院させないことができる。

(4) 精神科病院における処遇

　行動の制限は、医療または保護に欠くことのできない限度において行うことができる。

＊隔離等は指定医が必要と認める場合でなければ行うことができない。

＊信書の発受の制限、行政機関の職員との面接は制限できない。

(5) 患者の権利

　入院患者・保護者は、都道府県知事または精神科病院管理者に対し、退院または処遇改善の請求を行う権利がある。

(6) 費用の徴収

　措置入院患者の費用徴収額は、「患者＋配偶者＋同一生計の絶対的扶養義務者の前年分の所得税額」が 147 万円以下の場合は 0 円、147 万円超の場合は 2 万円。

（措置入院患者の費用徴収額認定基準）

8 指定難病に対する医療費助成

<指定難病に対する医療費助成>

⇒国が指定する疾患をもつ患者に対して、これまで国と地方自治体による医療費助成が行われてきたが、難病（発病の機構が明らかでなく、かつ、治療方法が確立していない希少な疾病であって、当該疾病にかかることにより長期にわたり療養を必要とするもの）については法律に基づく制度が確立されておらず、小児の慢性疾患についても医療費助成の安定した財源の仕組みがなかった。

●難病の患者に対する医療等に関する法律（難病法）

＊難病や小児慢性特定疾病に関する調査研究の推進、療養環境整備、患児の自立支援の推進とともに、医療費助成制度の確立を図るべく、「難病の患者に対する医療等に関する法律」（難病法）と「児童福祉法の一部を改正する法律」が 2014 年 5 月 23 日に成立、15 年 1 月 1 日に施行され、指定難病と小児慢性特定疾病の医療費助成が新たな制度として確立された。

●指定難病

＊「指定難病」は初期の 56 疾病から 331 疾病に拡大されるとともに、医療費の自己負担割合は従来の 3 割から 2 割に引き下げられた。また、自己負担額の上限は、外来と入院の区別なく、世帯の所得に応じて上限が設けられた。

＊指定難病とは、難病のうち以下のような要件を満たすものについて厚生科学審議会指定難病検討委員会が審議を行い、厚生労働大臣が指定したもの。

・発病の機構が明らかでないこと

・治療方法が確立していないこと

・長期の療養を必要とすること

・患者数が日本国内で一定の人数（人口の 0.1 ％程度）に達しないこと

・診断に関し、客観的な指標による一定の基準が定まっていること

＊従来の特定疾患や小児慢性特定疾患の助成を受けていた患者には、2017 年末までの経過措置が設けられた。

●難治性疾患克服研究事業

<難治性疾患克服研究事業>

症例数が少なく、原因不明で治療方針が確立しておらず、生活面への長期にわたる支障がある疾患を公募、原因の究明、治療方針の確立に向けた研究が行われている。

●特定疾患治療研究事業　　　＜特定疾患治療研究事業＞

　　従来の特定疾患のうち、スモン、難治性肝炎（劇症肝炎、重症急性膵炎）、プリオン病（クロイツフェルト・ヤコブ病）、重症多形滲出性紅斑（急性期）の５疾患が特定疾患治療研究事業として継続している。

▶自己負担の上限額

難病の自己負担額（月額・円）

階層区分		階層区分の基準 （　）内の数字は、夫婦２人世帯の場合における年収の目安	患者負担割合：２割		
			自己負担上限額（外来＋入院）		
			原則		
			一般	高額かつ長期※	人工呼吸器等装着者
Ⅰ		生活保護	0	0	0
Ⅱ	低所得Ⅰ	市町村民税 非課税（世帯） 本人年収　〜80万円	2,500	2,500	1,000
Ⅲ	低所得Ⅱ	市町村民税 非課税（世帯） 本人年収　80万円超	5,000	5,000	
Ⅳ	一般所Ⅰ	市町村民税 課税以上　7.1万円未満 （約160万円〜約370万円）	10,000	5,000	
Ⅴ	一般所Ⅱ	市町村民税 7.1万円以上 25.1万円未満 （約370万円〜約810万円）	20,000	10,000	
Ⅵ	上位所得	市町村民税 25.1万円以上 （約810万円〜）	30,000	20,000	
入院時の食費			全額自己負担		

※「高額かつ長期」とは、月ごとの医療費総額が５万円を超える月が年間６回以上ある者（例えば医療保険の２割負担の場合、医療費の
　自己負担が１万円を超える月が年間６回以上）。

「難病の患者に対する医療等に関する法律」＜難病法＞

2014（平成26）年５月23日成立、同５月30公布、2015（平成27）年１月１日施行

【趣旨】

　持続可能な社会保障制度の確立を図るための改革の推進に関する法律に基づく措置として、難病の患者に対する医療費助成[注]に関して、法定化によりその費用に消費税の収入を充てることができるようにするなど、公平かつ安定的な制度を確立するほか、基本的方針の策定、調査及び研究の推進、療養生活環境整備事業の実施等の措置を講ずる。

（注）難病法成立以前は法律に基づかない予算事業（特定疾患治療研究事業）として実施

【概要】

(1) 基本方策

　　・厚生労働大臣は、難病に係る医療その他難病に関する施策の総合的な推進のための基本的な方針を策定。

(2) 難病に係る新たな公平かつ安定的な医療費助成の制度の確立

　　・都道府県知事は、申請に基づき、医療費助成の対象難病（指定難病）の患者に対して、医療費を支給。

　　・指定難病に係る医療を実施する医療機関を、都道府県知事が指定。

　　・支給認定の申請に添付する診断書は、指定医が作成。

　　・都道府県は、申請があった場合に支給認定をしないときは、指定難病審査会に審査を求めなければならない。

　　・医療費の支給に要する費用は都道府県の支弁とし、国は、その2分の1を負担。

(3) 難病の医療に関する調査及び研究の推進

　　・国は、難病の発病の機構、診断及び治療方法に関する調査及び研究を推進。

(4) 療養生活環境整備事業の実施

　　・都道府県は、難病相談支援センターの設置や訪問看護の充実実施等、療養生活環境整備事業を実施できる。

【施行期日】　2015（平成27）年1月1日

　　　＊児童福祉法の一部を改正する法律（小児慢性特定疾病の患児に対する医療費助成の法定化）と同日

【難病及び小児慢性特定疾病の新たな医療費助成制度について】

　　　○対象疾患（指定難病の要件の該当する疾病は対象とする）

　　　　①難病：56疾病→331疾病（想定される疾病数）

　　　　②小児慢性特定疾病：514疾病→756疾病

　　　○受給者数：①＋②：約89万人（平成23年度）→約165万人（平成27年度試算）

　　　　①約78万人（平成23年度）→約150万人（平成27年度試算）

　　　　②約11万人（平成23年度）→約14.8万人（平成27年度試算）

9　先天性血液凝固因子障害等治療研究事業

＊医療保険優先（自己負担を公費負担）：〈51〉特定疾患など

＊先天性血液凝固因子障害など、患者の医療保険等の自己負担分を治療研究事業として公費負担することにより、患者の医療負担の軽減を図り精神的・身体的不安を解消する。

(1) 対象疾患

①第 I 因子（フィブリノゲン）欠乏症

②第 II 因子（プロトロンビン）欠乏症

③第 V 因子（不安定因子）欠乏症

④第Ⅶ因子（安定因子）欠乏症

⑤第Ⅷ因子欠乏症（血友病 A）

⑥第Ⅸ因子欠乏症（血友病 B）

⑦第 X 因子（スチュアートプラウア）欠乏症

⑧第Ⅺ因子（PTA）欠乏症

⑨第Ⅻ因子（ヘイグマン因子）欠乏症

⑩第 X III 因子（フィブリン安定化因子）欠乏症

⑪ Von Willebrand（フォン・ヴィルブランド）病

⑫血液凝固因子製剤投与に起因する HIV 感染症

(2) 申請：保健所等（実施主体は都道府県）

(3) 給付の範囲：保険適用分の医療費と入院時食事療養費

(4) 利用者負担

・全額公費負担

・血友病 A、血友病 B、血液凝固因子製剤投与に起因する HIV 感染症は、特定疾病療養費制度による給付が優先される。

＊20 歳未満

医療保険〈健康保険や国民健康保険等の保険給付〉

＋特定疾病療養費（特定疾病療養受領証）〈自己負担を 1 万円まで軽減〉

＋小児慢性特定疾患治療研究事業〈残りを公費で負担する〉

＊20 歳以上

医療保険〈健康保険や国民健康保険等の保険給付〉

＋特定疾病療養費（特定疾病療養受領証）〈自己負担を 1 万円
まで軽減〉

＋先天性血液凝固因子障害等研究事業〈残りを公費で負担する〉

＜特定疾病療養費制度＞

1）申請：医療保険の保険者（実施主体も同様）

2）給付対象

①人工腎臓（人工透析）を実施している慢性腎不全

②血漿分画製剤を投与している血友病患者のうち、第Ⅷ因子
障害（血友病 A）または第Ⅸ因子障害（血友病 B）

③血液製剤に起因する HIV 感染症（抗ウイルス剤を投与し
ている後天性免疫不全症候群の患者で厚生労働大臣の定め
る者）

3）自己負担上限額

1 医療機関ごとに、1 月の自己負担限度額 1 万円（70 歳
未満で上位所得者は 2 万円）

10　肝炎治療特別促進事業（肝炎インターフェロン治療費助成事業）

⇒B 型・C 型ウイルス性肝炎患者

＊B 型・C 型肝炎の根治を目的としたインターフェロン治療や B 型
肝炎の核酸アナログ製剤治療などに対して医療費助成を行う。

＊申請は保健所等（実施主体は都道府県）

＊自己負担限度：1 万円（ただし上位所得者については 2 万円）

11　乳幼児医療費助成制度

＊乳幼児等に対する保険診療の自己負担額が助成される。

＊各自治体の条例で定められており、対象年齢・所得制限等は自治体により異なる。

12　ひとり親家庭等医療費助成制度

＊ひとり親家庭（母子または父子家庭）に対する保険診療の自己負担額が助成される。

＊各自治体の条例で定められており、所得制限等は自治体により異なる。

13　障害者医療費助成制度

＊障害者に対する保険診療による自己負担額が助成される。

＊各自治体の条例で定められており、対象者・所得制限等は自治体により異なる。

14　後期高齢者福祉医療費給付制度

＊後期高齢者医療の被保険者のうち、障害者手帳の所持者など要件に該当する場合に、保険診療による自己負担額が助成される。

＊各自治体の条例で定められており、対象者・所得制限等は自治体により異なる。

【5】 公費負担医療の特徴 ･･････････････････････････

◆公費医療の<u>国民医療費に占める割合は約 7.5％</u>と少ない（2016 年度実績）。

◆そのなかで医療費割合として最も大きいのは**生活保護法**による**医療扶助**であり、公費医療費全体の約 56％を占める。

●医療扶助

◆公費負担医療の中には根拠となる法律はないが、毎年国会で承認される国の予算に基づくもの（<u>予算措置によるもの</u>）として、「特定疾患」の医療費自己負担に対する助成が含まれる。

公費負担医療一覧

法別番号	制度	負担割	根拠法
10	結核医療		感染症法第 37 条の 2
11	結核入院医療		感染症法第 37 条
12	医療扶助	全額公費	生活保護法第 15 条
13	戦傷病者療養給付	全額公費	戦傷病者特別援護法
14	戦傷病者更生医療	全額公費	戦傷病者特別援護法
15	自立支援医療（更生医療）		障害者総合支援法第 5 条
16	自立支援医療（育成医療）		障害者総合支援法第 5 条
17	療育医療		児童福祉法第二章第一節
18	原爆認定医療		原爆被爆者援護法
19	原爆一般医療		原爆被爆者援護法
20	措置入院		精神保健福祉法
21	自立支援医療（精神通院医療）	1 割（上限あり）	障害者総合支援法第 5 条
22	麻薬入院措置	医療保険優先	麻薬及び向精神薬取締法第 58 条の 8
23	養育医療		母子保健法第 20 条

24	自立支援医療 （療養介護医療）		
25	中国残留邦人		中国残留邦人等 自立支援法
28	一類・二類・指定 感染症	医療保険優先	感染症法
29	新感染症	原則全額公費	感染症法
30	心神喪失		心神喪失者医療観察法
38	肝炎治療特別 促進事業		
51	特定疾患など	1割 （上限あり）	
52	小児慢性特定疾病	2割 （上限あり）	児童福祉法第 21 条の 5
53	児童福祉施設 措置医療		児童福祉法第 50 条
54	指定難病	2割 （上限あり）	難病法
66	石綿健康被害 救済制度		石綿による健康被害の 救済に関する法律
79	障害児施設医療		障害者総合支援法

4 社会福祉

【1】 社会福祉制度の定義 ·······························

　　　児童、母子、心身障害者、高齢者など、社会生活を送る上でハンディキャップを負った人々に対して、公的な支援を行う制度のこと。

　　　支援を必要とする社会的弱者が心身ともに健やかに育成され、能力に応じて自立した日常生活を営むことができるように支援するとともに、救貧・防貧の機能も果たす。

【2】 対象者別にみた社会福祉各論 ·····················

1　児童福祉

●保育所

　（1）保育所
　　　親の就労や病気などの事情で家庭で保育することのできない乳幼児を、保護者に代わって保育することを目的とする施設。
　　＊**児童福祉法**に基づく児童福祉施設
　　＊対象者：0歳から小学校前までの児童

●認定こども園

　（2）認定こども園
　　（根拠法）就学前の子どもに関する教育、保育等の総合的な提供の推進に関する法律（2006年10月1日施行）
　　（概要）4タイプ
　　①幼保連携型：認可幼稚園と認可保育所とが連携して一体的な運営を行うタイプ
　　②幼稚園型：認可された幼稚園が保育所的な機能を備えたタイプ

③保育所型：認可された保育所が幼稚園的な機能（幼児教育）を
備えたタイプ

④地方裁量型：認可のない地域の教育・保育施設が認定こども園
としての機能を果たすタイプ

▶認定こども園制度の概要

幼稚園
●幼児教育を実施
● 3 歳〜就学前
学校教育法に基づく教育施設

保育所
●保育を実施
● 0 歳〜就学前

認定こども園

①就学前の子どもに幼児教育と保育を
提供する機能
＊保護者が働いている・いないにか
かわらず受け入れて、教育・保育
を一体的に実施
②地域における子育て支援を行う機能
＊すべての子育て家庭を対象に、子
育て不安に対応した相談や親子の
集いの場の提供などを実施

①② 2 つの機能を満たす施設は都道府
県知事から「認定こども園」の認定を
受けることができる。

(3) 児童に関する手当

①子ども手当

②公立高等学校の授業料無償化、高等学校等就学支援金

●児童相談所

(4) 児童相談所（児童福祉法）

児童に関する専門的な知識および技術を必要とする相談、医学
的・心理学的・教育学的・社会学的および精神保健上の判定、児
童の一時保護などを行う。

(5) 児童虐待の防止

●児童虐待防止法

「児童虐待の防止等に関する法律」（児童虐待防止法）

1933（昭和 8）年：旧児童虐待防止法

1947（昭和22）年：児童福祉法の制定に伴い、旧児童虐待
防止法の廃止

2000（平成12）年：深刻化する児童虐待の予防および対応
方策を目的に制定

2004（平成 16）年：施行後 3 年後の見直し規定により、社
　　　　　　　　　会保障審議会等における検討を経て改正
（主な内容）
- 児童虐待の定義（第 2 条）：18 歳に満たない者を児童とし、
保護者が行う以下の行為を「児童虐待」と定義
　①児童の身体に外傷が生じ、又は生じるおそれのある暴行
　②児童へのわいせつ行為又はわいせつ行為をさせること
　③児童の心身の正常な発達を妨げるような著しい減食又は
　　長時間の放置
　④保護者以外の同居人による前記の行為と、その行為を保
　　護者が放置すること
　⑤著しい暴言・拒絶的対応・児童が同居する家庭における
　　配偶者に対する暴力（事実上婚姻関係と同様の事情にあ
　　る者を含む）・著しい心理的外傷を与える言動を行うこ
　　と
　- 児童虐待の早期発見（第 5 条）
　　　学校・病院等の教職員・医師・保健師・弁護士等は、
　児童虐待に関して早期発見に努めなければならない。
　- 児童虐待通知義務（第 6 条）
　　　児童虐待を受けたと思われる児童を発見した者は、速
　やかに福祉事務所・児童相談所に通告しなければならな
　い。この際には刑法 134 条の守秘義務違反には該当し
　ない。
　- 児童虐待に対する強制調査（第 9 条）
　　　都道府県知事は出頭を求め、また必要に応じて自宅へ
　の立ち入り調査を行うことができる。保護者が拒否する
　場合は裁判所の許可状（令状）を得て、臨検・捜索（強
　制捜査）を行うことができる。
　- 児童虐待に対する警察の介入（第 10 条）
　　　都道府県知事・児童相談所長は必要に応じて警察署長
　へ援助を求めることができる。警察官を同行させ、保護
　者が抵抗した場合には取り押さえることができる。
　- 虐待児童への保護者の接触制限（第 12 条）
　児童虐待を受け保護された児童に対して、児童相談所長

　　　　　は必要に応じて、保護者の面会・通信を制限することができる。また、必要に応じ保護者に対して通学路等の児童の近辺を徘徊することや付きまとうことを止めるよう命令することができる。

（6）健全育成・自立支援

　　地域における、児童の健全育成、養護を必要とする児童の自立支援

（7）これまでの「子ども・子育て」に対する施策

●エンゼルプラン 　　◇「エンゼルプラン」（1994 年）

●新エンゼルプラン 　◇「新エンゼルプラン」（1999 年）

　　　　　　　　　◇「少子化社会対策大綱」＆「子ども・子育て応援プラン」

　　　　　　　　　　　　　　　　　　　　　　　　　　　（2004 年）

●子ども・子育てビジョン 　◇「子ども・子育てビジョン」（2010 年 1 月 29 日閣議決定）

●子どもの貧困対策法 　（8）「子どもの貧困対策の推進に関する法律」

　　　　　　　　　　　　（子どもの貧困対策法、2013 年法律第 64 号）

　　①子どもの将来が生まれ育った環境に左右されないよう育成環境を整備。

　　②教育の機会均等を図るため、子どもの貧困対策の基本理念を定め、国等の責務を明らかにする。

　　③子どもの貧困対策の基本的事項を定め、対策を総合的に推進する。

2　母子・寡婦福祉

　　　　　経済的・社会的・精神的に不安定な生活に陥りやすい母子世帯について援助を行い、母子家庭に対し、<u>経済的な自立</u>とともに<u>扶養している児童の福祉</u>を増進させるためのもの。

●寡婦

＊寡婦とは、かつて母子家庭の母だった者のこと。

＊子が成人した後も、長年の子の養育による影響で健康や就業・収入面で保障が必要な寡婦には、寡婦福祉として母子家庭の母に準じた援助がなされる。

（1）児童扶養手当

　　父母の離婚、配偶者との死別などさまざまな理由によって、母親または父親が1人で子どもを育てている「ひとり親家庭」に対する経済的な支援を目的とし、子どもの福祉の増進を図るもの。

＊2010年8月から、父子家庭にも支給されることとなった。

＊子どもが18歳になる日以降の最初の3月31日まで支給される。

（2）母子福祉資金貸付制度

　　無利子または低利の資金貸付制度

（3）母子福祉施設

　　母子生活支援施設、母子福祉センター、母子休養ホームなど

（4）その他の母子福祉に関する対策

　①死別母子世帯に対して国民年金制度による遺族基礎年金、厚生年金制度による遺族厚生年金

　②生活保護制度による母子加算

　③所得税・住民税における寡婦控除、寡夫控除、特定の寡婦（母子世帯）控除

　④預貯金等の利子所得等の源泉分離課税（20.315％〔〈所得税＋復興特別所得税〉15.315％、地方税5％〕）の免除（マル優）

　⑤各種の就業支援事業

3 高齢者福祉

(1) これまでの高齢者保健福祉施策

老人福祉法制定	1963（昭和 38）年
老人医療費無料化	1973（昭和 48）年
老人保健法制定 　医療費の一部負担の導入、老人保健事業の規定	1982（昭和 57）年
老人保健法改正	1987（昭和 62）年
高齢者保健福祉推進十か年戦略 （ゴールドプラン）の策定	1989（平成元）年
老人福祉法等の一部を改正する法律 　＊基本的考え方：住民に身近な福祉サービスについては、身近な市町村において実施することを基本とし、全市町村および都道府県においては「老人保健福祉計画」を策定する。	1990（平成 2）年
新・高齢者保健福祉推進十か年戦略 （新ゴールドプラン）の策定	1994（平成 6）年
今後 5 か年間の高齢者保健福祉施策の方向（ゴールドプラン 21）の策定	1999（平成 11）年
介護保険法施行	2000（平成 12）年
新しい高齢社会対策大綱の策定 （閣議決定）	2001（平成 13）年
後期高齢者医療制度（長寿医療制度）施行	2008（平成 20）年

●ゴールドプラン

●新ゴールドプラン

●ゴールドプラン 21

●認知症対策

(2) 認知症対策：介護保険で対応

　認知症高齢者は 2015 年には 250 万人、2025 年には 323 万人に増加し、ピーク時には 400 万人近くに達するといわれていたが、2025 年には 675 ～ 700 万人に達するとの推計も示されている。

(3) 高齢者の住まい

①軽費老人ホーム（ケアハウス）

②有料老人ホーム（介護型・住居型）

③認知症高齢者グループホーム

④シルバーハウジング

バリアフリー化され緊急時対応などのサービスのついた公営住宅

⑤サービス付き高齢者向け住宅

(4) 高齢者の生きがい（高齢者の生きがいと健康づくり推進事業）

高齢者が家庭、地域、企業など社会の各分野においてこれまで培った豊かな経験と知識、技能を生かし、生涯を健康で、生きがいをもって社会活動を行っていけるように基盤整備を進める。

(5) 高齢者虐待の防止

●高齢者虐待防止法

「高齢者虐待防止、高齢者の養護者に対する支援等に関する法律」［高齢者虐待防止法］が 2006 年 4 月に施行された。

＊ 高齢者虐待防止法において「高齢者」とは 65 歳以上の者をいい、「高齢者虐待」とは、家庭における養護者や施設等の職員による次に掲げる類型の虐待をいう。

①身体的虐待

②介護・世話の放棄・放任（ネグレクト）

③心理的虐待

④性的虐待

⑤経済的虐待

4 障害者福祉

(1) 主な障害者関連法規とその位置づけ

障害者総合支援法				
サービスを利用するための共通の仕組みを定めている				
身体障害者 福祉法	知的障害者 福祉法	精神保健及び 精神障害者福祉 に関する法律	発達障害者 支援法	児童福祉法
・身体障害者の 定義 ・福祉の措置な どについて規 定	・福祉の措置な どについて規 定 ＊知的障害者の定義 に該当する事項は ない。	・精神障害者の 定義 ・措置入院など について規定	・発達障害者の 定義 ・早期発見、支 援などについ て規定	・児童の定義 ・福祉の措置な どについて規 定
障害者基本法				
施策の基本事項を定めている				

●障害者基本法

(2) 障害者基本法

＜目的＞

障害者の自立および社会参加の支援等のための基本理念、国や地方公共団体等の責務、施策の基本事項を定めて、その施策を総合的かつ計画的に推進することで、障害者の福祉を増進することを目的とする。

＜基本理念＞

①全ての障害者は、個人の尊厳が重んぜられ、その尊厳にふさわしい生活を保障される権利を有する。

②全ての障害者は、社会を構成する一員として社会、経済、文化その他あらゆる分野の活動に参加する機会が与えられる。

③何人も障害者に対して、障害を理由として、差別することその他の権利利益を侵害する行為をしてはならない。

＜障害者の定義＞

障害者とは、身体障害、知的障害または精神障害があるため、継続的に日常生活または社会生活に相当な制限を受ける者をいう。

<**障害者週間**>

毎年 12 月 3 日から 12 月 9 日

●障害者総合支援法

(3) 障害者総合支援法

(障害者の日常生活及び社会生活を総合的に支援するための法律)

<**目的**>

　障害者基本法の基本理念にのっとり、必要な障害福祉サービスにかかる給付を行い、障害の有無にかかわらず国民が相互に人格と個性を尊重し安心して暮らすことのできる地域社会の実現に寄与することを目的とする。

<**障害者の定義**>

＊障害者：身体障害者、知的障害者・精神障害者（発達障害者を含む）のうち 18 歳以上の者

※精神障害者について発達障害者を含むことが明確化された。

＊障害児：児童福祉法に規定する障害児、精神障害者のうち 18 歳未満である者

(4) 障害者福祉に関する手帳

1) 身体障害者手帳

　身体障害者福祉法に基づき、法の別表に掲げる障害程度（1 級〜6 級）に該当すると認定された人に交付されるもので、各種の福祉サービスを受けるために必要となる。

<**申請**>

　申請書に診断書・写真を添付し、市町村に申請する。

　＊ 15 歳未満の場合は、その保護者が本人に代わって申請する。

<**判定**>

●身体障害者更生相談所

　身体障害者更生相談所の判定に基づき、都道府県知事・指定都市市長・中核市市長が交付決定する。

●療育手帳

2) 療育手帳

　知的障害児（者）に対し一貫した相談・指導を行うとともに、

●知的障害児（者）の福祉増進

各種の援助措置を受けやすくすることにより、知的障害児（者）の福祉の増進を図ることを目的としている。

＊療育手帳に関しては知的障害者福祉法にその記述はなく、厚生

事務次官通知「療育手帳制度について」（1973（昭和 48）年9 月 27 日）、同年に通知「療育手帳制度の実施について」に基づき、各都道府県知事（政令指定都市の長）が知的障害と判定したものに発行している。

<申請＞

申請書に診断書・写真を添付し、市町村に申請する。

<判定＞

18 歳未満の場合は児童相談所、18 歳以上は知的障害者更生相談所の判定に基づき、都道府県知事・指定都市市長・中核市市長が交付決定する。

＊判定は

①精神疾患の存在の確認

②精神（機能障害）の状態の確認

③能力障害の状態の確認

④精神障害の程度の総合判定という順を追って行う。

＊一定期間後に再判定

<優遇措置等＞

①特別児童扶養手当

②心身障害者扶養共済

③国税・地方税の控除・減免

④公共住宅の優先入居

⑤ NHK 受信料の免除

⑥生活保護の障害者加算

⑦生活福祉資金の貸付

⑧ NTT の無料番号案内

⑨携帯電話使用料の割引

⑩旅客鉄道株式会社などの旅客運賃の割引など

3）精神障害者保健福祉手帳

精神保健及び精神障害者福祉に関する法律に基づき、精神障害者の自立と社会参加の促進を図ることを目的として、各支援策を講じやすくするために交付される手帳。

<申請＞

申請書に診断書・写真を添付し、市町村に申請する。

<判定>

精神保健福祉センターの判定に基づき、都道府県知事または指定都市市長が交付決定する。

＊2年ごとに更新

<優遇措置等>

①心身障害者扶養共済

②国税・地方税の控除・減免

③公営住宅の優先入居

④NHK受信料の免除

⑤生活保護の障害者加算

⑥生活福祉資金の貸付

⑦NTTの無料番号案内

⑧携帯電話使用料の割引など

(5) 障害者福祉に関するその他の法律

●身体障害者補助犬法　　　1) 身体障害者補助犬法

<補助犬>

盲導犬、介助犬、聴導犬

<同伴受け入れ義務>

・国や地方公共団体が管理する公共施設

・電車、バス、タクシーなどの公共交通機関

・飲食店、商業施設、病院等の不特定かつ多数の人が利用する施設

・従業員50人以上の民間事業所

<同伴受け入れ努力義務>

・従業員50人未満の民間事業所

・民間住宅

2) 高齢者、障害者等の移動等の円滑化の促進に関する法律

●バリアフリー法　　　（バリアフリー法）

公共交通機関の旅客施設および車両等、道路、路外駐車場、公園、建築物の構造および設備を改善するための措置などを講ずることにより、高齢者、障害者等の「移動上」および「施設の利用上」の利便性および安全性の向上を図ることを目的としている。

<基本構想>

　市町村は、国が定める基本方針に基づき、重点整備地区のバリアフリー化のための「基本構想」を作成することができる。

<移動等円滑化基準>

●バリアフリー化基準
　（移動等円滑化基準）

　一定の建築物、公共交通機関、道路、路外駐車場、都市公園を新設などする場合はバリアフリー化基準（移動等円滑化基準）に適合することが義務付けられる。既存の施設においても、努力義務が課せられる。

<移動等円滑化経路協定>

　重点地区内において連続的なバリアフリー環境を維持するために、その土地の所有者等の全員の合意により、経路の整備や管理に関する事項の協定を締結することができる。

< 2020 年度までのバリアフリー化等の目標値を設定>

・旅客施設：1 日に平均 3,000 人以上が利用するすべての旅客施設の段差解消、視覚障害者誘導ブロックの整備、障害者用トイレの設置

・車両等：鉄軌道車両、乗合バス、旅客船、航空機等のバリアフリー化

・道路：原則として重点整備地区内の主要な生活関連経路を構成するすべての道路のバリアフリー化

・建築物：2,000㎡以上の特別特定建築物の総ストックの約60％についてバリアフリー化

・信号機：原則として重点整備地区内の主要な生活関連経路を構成するすべての道路において、バリアフリー対応型信号機等を整備

（6）障害者の減免・割引制度

1）税金

①所得税・住民税

　障害者控除、特別障害者控除、同居特別障害者である場合の配偶者控除・扶養控除加算額等が設定されている。

＊特別障害者：身体障害者手帳 1・2 級、精神障害者保健福祉手帳 1 級、重度知的障害者などの障害者

②相続税

相続人が 85 歳未満の障害者の場合は、相続税額から控除される障害者控除、特別障害者控除が設定されている。

③自動車税・自動車取得税

身体障害者、知的障害者、精神障害者等が取得する自動車や専ら障害者の通院等に使用する自動車の取得については、都道府県の条例により減免が行われている。

2）交通機関

JR 運賃、有料道路通行料に、50％の割引が設定されている。（割引要件あり）

3）その他

① NHK 受信料

要件により全額免除と半額免除がある。

②郵便

盲人用点字郵便物については 3kg 以下無料など

●ノーマライゼーション

> ＜ノーマライゼーション＞
>
> 障害者や高齢者など社会的に不利な人々が、社会のなかで健常者と同様の生活を営むことができるように社会構築をする考え方。
>
> ⇒障害者基本法（1993 年）に導入された。
>
> ⇒バリアフリー化の促進

●ノーマライゼーション
　7か年戦略

> 障害者プラン「ノーマライゼーション 7 か年戦略」の 7 視点の 1 つ

●国際生活機能分類
　（ICF）

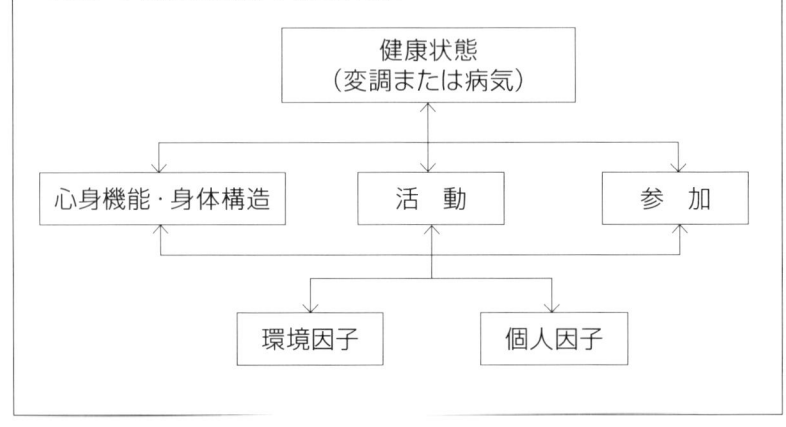

<国際生活機能分類（ICF）＞

　ICF（International Classification of Functioning, Disability and Health）は、人間の生活機能と障害の分類法として、2001年5月、世界保健機関（WHO）総会において採択された。特徴は、それまでの WHO 国際障害分類（ICIDH）がマイナス面を分類するという考え方が中心であったのに対し、ICF は、生活機能というプラスの面から見るように視点を転換し、さらに環境因子等の観点を加えたことである。

<ICF の構成要素間の相互作用＞

「障害者の日常生活及び社会生活を総合的に支援するための法律」＜障害者総合支援法＞
（平成 24 年 6 月 20 日成立・同年 6 月 27 日公布・平成 25 年 4 月 1 日施行）

【趣旨】

　障がい者制度改革推進本部等における検討を踏まえて、地域社会における共生の実現に向けて、障害福祉サービスの充実等障害者の日常生活及び社会生活を総合的に支援するため、新たな障害保健福祉施策を講ずるものとする。

【概要】

（1）題名：従来の「障害者自立支援法」を「障害者の日常生活及び社会生活を総合的に支援するための法律（障害者総合支援法）」とする。

（2）基本理念：法に基づく日常生活・社会生活の支援が、共生社会を実現するため、社会参加の機会の確保及び地域社会における共生、社会的障壁の除去に資するよう、総合的かつ計画的に行われることを法律の基本理念として新たに掲げる。

（3）障害者の範囲（障害児の範囲も同様に対応）：「制度の谷間」を埋めるべく、障害者の範囲に難病等を加える。

（4）障害者支援区分の創設：「障害程度区分」について、障害の多様な特性その他の心身の状態に応じて必要とされる標準的な支援の度合いを総合的に示す「障害支援区分」に改める。※傷害支援区分の認定が知的障害者・精神障害者の特性に応じて行われるよう、区分の制定に当たっては適切な配慮等を行う。

(5) 障害者に対する支援

① 重度訪問介護の対象拡大（重度の肢体不自由者等であって常時介護を要する障害者として厚生労働省令で定めるものとする）

② 共同生活介護（ケアホーム）の共同生活援助（グループホーム）への一元化

③ 地域移行支援の対象拡大（地域における生活に移行するため重点的な支援を必要とする者であって厚生労働省令で定めるものを加える）

④ 地域生活支援事業の追加（障害者に対する理解を深めるための研修や啓発を行う事業、意思疎通支援を行う者を養成する事業等）

(6) サービス基盤の計画的整備

① 障害福祉サービス等の提供体制の確保に係る目標に関する事項及び地域生活支援事業の実施に関する事項についての障害福祉計画の策定

② 基本指針・障害福祉計画に関する定期的な検証と見直しを法定化

③ 市町村は障害福祉計画を作成するに当たって、障害者等のニーズ把握等を行うことを努力義務化

④ 自立支援協議会の名称について、地域の実情に応じて定められるよう弾力化するとともに、当事者や家族の参加を明確化

【検討規定】

（障害者施策を段階的に講じるため、法の施行後3年を目途として、以下について検討）

①常時介護を要する障害者等に対する支援、障害者等の移動の支援、障害者の就労の支援その他の障害福祉サービスの在り方

②障害支援区分の認定を含めた支給決定の在り方

③障害者の意思決定支援の在り方、障害福祉サービスの利用の観点からの成年後見制度の利用促進の在り方

④手話通訳等を行う者の派遣その他の聴覚、言語機能、音声機能その他の障害のため意思疎通を図ることに支障がある障害者等に対する支援の在り方

⑤精神障害者及び高齢の障害者に対する支援の在り方

※上記の検討に当たっては、障害者やその家族その他の関係者の意見を反映させる措置を講ずる。

【3】社会福祉関連の行政計画 ………………………………

　　　　　　　　　　　　○地域の取り組み

●地域福祉計画　　　　①**地域福祉計画**（市町村・都道府県）：地域住民の意見を反映させながら策定

　　　　　　　　　　　　　＊市町村⇒市町村地域福祉計画

　　　　　　　　　　　　　＊都道府県⇒都道府県地域福祉支援計画

　　　　　　　　　　　○児童

●保育計画　　　　　②**保育計画**（市町村）

　　　　　　　　　　　　保育、子育てなどの供給体制の確保に関する法律

　　　　　　　　　　　　　　　　　　　　　（根拠法：児童福祉法）

　　　　　　　　　　　○高齢者：③④は一体的に行われる

●老人福祉計画　　　　③**老人福祉計画**（市町村・都道府県）

　　　　　　　　　　　　老人福祉事業の供給体制の確保に関する法律

　　　　　　　　　　　　　　　　　　　　　（根拠法：老人福祉法）

●介護保険事業計画　　④**介護保険事業計画**（市町村）

　　　　　　　　　　　　3年を1期とした介護保険事業の円滑な実施に関する計画

　　　　　　　　　　　　　　　　　　　　　（根拠法：介護保険法）

　　　　　　　　　　　　＊都道府県では介護保険事業支援計画を策定

　　　　　　　　　　　○障害者

●障害者計画　　　　⑤**障害者計画**（市町村）

　　　　　　　　　　　　障害者のための施策に関する基本的な計画

　　　　　　　　　　　　　　　　　　　　　（根拠法：障害者基本法）

　　　　　　　　　　　　＊国は障害者基本計画を策定

●障害福祉計画　　　　⑥**障害福祉計画**（市町村・都道府県）

　　　　　　　　　　　　3年を1期とした障害福祉サービス等の提供体制の確保に関する計画　　　　　　　　　（根拠法：障害者総合支援法）

キーワードの索引

[著者紹介]

新原 英嗣（日本大学総合科学研究所　教授）

笹井 啓史（日本大学松戸歯学部　教授）

笹井 義宣（日本大学歯学部　兼任講師）

改訂 社会保障学必携　　2025年への道標

2016年1月31日　発行
2016年9月15日　第2刷
2019年3月18日　第3刷

著　者　　　新原 英嗣　笹井 啓史　笹井 義宣

発　行　　　株式会社自由工房

　　　　　　〒101-0063

　　　　　　東京都千代田区神田淡路町1-19-5　お茶の水ビジネスビル3F

　　　　　　電　話03-3525-4631　FAX03-3525-4632

　　　　　　http://www.jiyukobo.co.jp/

印　刷　　　株式会社TOP印刷